朝日新書
Asahi Shinsho 671

朝日ぎらい

よりよい世界のためのリベラル進化論

橘　玲

朝日新聞出版

まえがき

「買って損した」と文句をいわれないように最初に断っておくと、本書は朝日新聞を批判したり擁護したりするものではない。私の関心は、インターネットを中心に急速に広がる〝朝日ぎらい〟という現象を原理的に分析してみることにある。「原理的」という意味は、「右」と「左」の善悪二元論の不毛な対立（罵詈《ばり》雑言《ぞうごん》の醜い争い）から距離を置くということでもある。

もちろん〝朝日ぎらい〟には、過去（ないし現在）の朝日新聞の報道・論説に由来するものもあるにちがいない。そういう批判は巷に大量に出回っており、私はそのすべてを否定するつもりはないが、だからといって同じことをここで繰り返しても意味はない（ネットを検索すればいくらでも見つかるだろう）。文筆家の仕事は、他人《ひと》がいわない主張を紹介し、言論空間にゆたかな多様性を生み出すことだと思うからだ。

本書のテーマは「リベラル化」と「アイデンティティ化」だ。

「リベラルが退潮して日本は右傾化した」と当たり前のようにいわれるが、私はこれには懐疑的だ。これから述べるように、世界でも日本でもひとびとの価値観は確実にリベラルになっている。リベラルが退潮しているように見えるのは、朝日新聞に代表される日本の「リベラリズム（戦後民主主義）」が、グローバルスタンダードのリベラリズムから脱落しつつあるからだ。

日本の「右傾化」の象徴として〝ネトウヨ（ネット右翼）〟が取り上げられるが、彼らのイデオロギーは保守＝伝統主義とは関係がない。これも詳細は本文に譲るが、ネトウヨが守ろうとしているのは日本の伝統や文化ではなく、「日本人」という脆弱《ぜいじゃく》なアイデンティティで、「嫌韓」「反中」と結びつかない保守派の言論はどうでもいいのだ。

興味深いのは、「朝日ぎらい」が日本だけの現象ではないことだ。アイデンティティをめぐる衝突は欧米を中心に世界じゅうで起きており、その最大の戦場はトランプ大統領を生み出したアメリカと、移民問題で「極右」の台頭に揺れるヨーロッパで、いずれも「リベラルぎらい」の嵐が吹き荒れている。世界史的な視点に立てば、日本は欧米から半周遅れで同じ体験をしているということになるだろう。

民進党の分裂・消滅によって、日本では「リベラル」と「保守」の定義をめぐる喧喧囂《けんけんごう》囂《ごう》の論争が起きている。本書で（おそらく）もっとも論議を呼ぶのは、「リベラル」と「保守」には遺伝的な基礎があるとの主張だろう。進化論的にいうならば、ひとはリベラル的ないしは保守的な生得的傾向をもって生まれてくる。そして知識社会化した現代では、リベラルに生まれたほうが社会的・経済的により成功しやすい。――にわかには信じがたいだろうが、私の他の著作と同じく、こうした主張には科学的な証拠（エビデンス）があることを示すつもりだ。

本書でデモクラシーを「民主主義」ではなく「民主政」としているのは、それが神政（テオクラシー／Theocracy）や貴族政（アリストクラシー／Aristocracy）と同じく政治制度のことで、Democracyを「民主主義（Democratism）」とするのは明らかな誤訳だからだ。リベラルデモクラシーは「自由民主主義」と訳されるが、正しくは「リベラルな民主政」で、「自由な市民による民主的な選挙によって国家（権力）を統制する政治の仕組み」のことだ。

これが些細な問題でないのは、デモクラシーを主義（イズム）にしてしまうと、リベラルデモクラシーという枠組みのなかで異なる「主義」が対立する政治論争の基本的な構図がわからなくなるからだ。その結果、政治思想（イズム）のひとつであるリベラリズムと、デモクラシーという政治制度が混同されてしまう。

民主的な選挙で選ばれた議員に対して、国会前で「民主主義を守れ」というデモが行なわれるのは日本でしか見られない奇観だ。現代の日本に蔓延《まんえん》する不毛な対立は、この単純な誤訳と、それを一向にただそうとしない（政治学者など）アカデミズム＋マスメディアに大きな責任がある。

本書は「国難」を掲げた２０１７年10月の総選挙で小池百合子東京都知事の「希望の党」が惨敗し、〝安倍一強〟が盤石になってから執筆をはじめたが、朝日新聞のスクープによって森友学園への国有地売却をめぐる財務省の決裁文書が改ざんされていたことが明らかになり、この「まえがき」を書いている時点では、加計学園問題に財務省事務次官のセクハラ問題や防衛省、厚労省の不祥事なども加わって政権の基盤が大きく揺らいでいる。安倍晋三首相の悲願である憲法改正はもちろん、このままでは２０１８年9月に予定されている自民党総裁選での3選すら危うくなりそうだ。

だが安倍政権がどうなろうとも「安倍的」なものは生き残り、「朝日的」なリベラルをはげしく憎悪する構図は変わらないだろう。政治状況が大きく動くなかで本文をほとんど書き直す必要がなかったのは、ここで述べているのが「ヒトの本性」についてだからだ。

なお本書では、従軍慰安婦問題や南京事件などの「歴史問題」については詳しく扱わない。日中および日韓の歴史問題はナショナリズムの衝突という以上に、奴隷制や植民地主義などの近現代史の全面的な見直しという、いま世界のあらゆるところで勃発している「アイデンティティ闘争」の先行例だと考えているからだ。

そのことを論じるには、別に一冊の本が必要になるだろう。

朝日ぎらい　目次

PART2 アイデンティティという病 61

図版　谷口正孝

PART1
「リベラル」と「保守」が逆転する不思議の国

図1－1　若者の男性の自民党支持率が高い

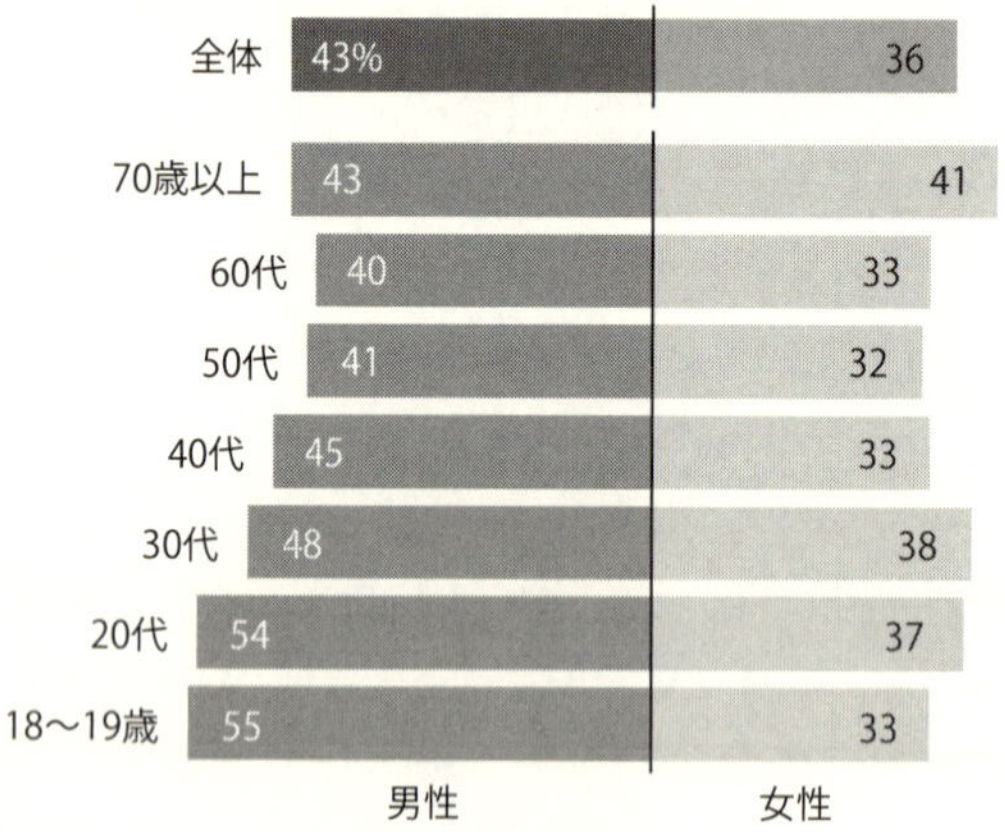

日経新聞による2017年10月の衆院選情勢調査より作成

1　安倍政権はリベラル

森友学園と加計学園の問題で失速したとはいえ、すべての世論調査において、安倍晋三政権（自民党）への支持は若い世代で一貫して高い。２０１７年10月の総選挙で世代別に比例区の投票先を見ると、自民党は全体で39％だが、10～20代で52％、30代で43％、40代で42％だ。投票率がもっとも低いのは60代の34％で、次いで70代以上の37％、50代の38％となっている。[*1]

　ただし、男女別に支持率を調べるとはっきりとしたちがいが出る。図１－１は同じ総選挙の情勢調査だが、自民党への支持が突出して高いのは18~19歳と20代の男性で、女性の支持率（36％）は男性（43％）より低く、若い女性の支持率がとくに高いということもない。安倍政権の支持層の中核は10代後半から20代の男性なのだ。[*2]

若者の「右傾化」は教育が悪いのか

それ以外のさまざまな調査でもこうした傾向は明らかで、日本の「右傾化」と「リベラルの敗北」を象徴するものとされてきた。これまでの常識では、若者はリベラル（革新）で、家族や資産など守るべきものが多い高齢者ほど保守化するはずだ。ところが「保守」の安倍政権は若者に強く支持される一方、高齢者からは嫌われている（少なくとも好かれてはいない）。この事実は、「知識人」を自称するひとたちを困惑させ、ときに激怒させてきた。いまでは、「若者が保守化するのは教育が悪いからだ」といわれているらしい。

しかしこの主張には、確たる証拠（エビデンス）がない。そもそも日本の右翼・保守派

＊1　朝日新聞２０１７年12月19日朝刊
＊2　日経新聞２０１７年12月28日朝刊

はずっと、「リベラル派（日教組）の誤った教育が若者に自虐史観を植えつけてきた」と批判してきた。だとしたら、「リベラルな教育をしたら子どもたちが右翼になった」という話になるが、それでいいのだろうか。

「教育が悪い」説は、男女による支持率の大きなちがいも説明できない。日本は男女の社会的な性差を評価するジェンダーギャップ指数が114位（2017年）と世界最低レベルだが、これは政治分野と経済分野で女性の社会進出が極端に遅れているからで、「教育」は中位まで順位を上げている。学校では男女平等を目指して教育しているのに、なぜ男子生徒だけが「右傾化」するのだろうか。

この疑問に対するもっともシンプルな答えは、「政治的態度を決めるのに教育は関係ない」というものだ。

1960年代や70年代に学生運動に参加した若者たちは、学校でマルクス主義を勉強したわけではない。それと同様に、選挙で投票先を決めるとき、いまの若者たちも学校の先生に相談したりはしない。かつては政治サークルで口角泡を飛ばして議論し、いまはネットのSNSで論争するのかもしれないが、学校（教育）以外の場所で政治イデオロギーがつくられていくのは同じだ。

学生運動の時代に機動隊に向かって石を投げていたのは、セクト（部族）ごとに色分けされたヘルメットを被った男子学生だった。政治（権力）に過剰な関心をもつのは男で、それも若いほど過激になるというのは、歴史や地域を問わずどこでも観察される「ヒューマン・ユニヴァーサルズ（ヒトの本性）」だ。——こうした性差は、進化心理学では性選択（性交渉の相手探し）で男の競争率が高いこと、生理学では思春期に男性ホルモン（テストステロン）の分泌が最大になることで説明されるが、それについては本書では詳述しない。[*3]

たった一世代や二世代で人間が急に賢くなったりバカになったりするはずはないから、全学連や全共闘の学生たちの政治意識が高かったというのなら、安倍政権を支持するいまの若者たちの政治意識も同じように高いはずだ。それにもかかわらず「教育が悪い」説が蔓延するのは、「知識人」の多くが教育関係者（大学の教員）で、教育の影響力を過大評価しているからだ。自分は凡庸な学校教育になんの影響も受けず自力で政治思想を確立したが、いまの若者はバカだから教育次第でいくらでも洗脳できると思っているのだ。——こ

＊3　興味のある方はスティーブン・ピンカー『人間の本性を考える——心は「空白の石版」か』（NHKブックス）、ヘレン・E・フィッシャー『愛はなぜ終わるのか——結婚・不倫・離婚の自然史』（草思社）、ジェイムズ・M・ダブス、メアリー・G・ダブス『テストステロン——愛と暴力のホルモン』（青土社）などを読まれたい。

れでは彼らの安倍批判が若者のこころに響かないのも無理はない。

「意識高い系」の若者たちが安倍政権を熱心に支持しているのだとすれば、そこには彼らなりの正当な理由があるにちがいない。まずはこの単純な事実を確認しておこう。

不思議の国のアリス

教育は関係ないとしたら、なぜ若者（男性）は安倍政権を支持するのだろうか。ここでもうひとつの世論調査を見てみよう。
図1－2は読売新聞社と早稲田大学現代政治経済研究所（田中愛治教授ら）による共同世論調査から、世代別の政党観を示したものだ。回答者は、「保守的」を0、「リベラル」を10（中間は5）として、11段階で既成政党がどこに位置するかを答えている。[4]
70代以上では、もっとも保守的なのは自民党、次いで日本維新の会（維新）[5]、公明党で、民進党が中道、共産党がリベラルに位置づけられている。これは、メディアなどが前提とする「保守」vs「リベラル」の対立の構図と同じだ。
ところが左図の政党の位置は年齢が下がるにつれて変わっていき、18～29歳ではもっと

図1-2　リベラル政党の認識は高齢者と若者で大きく異なる

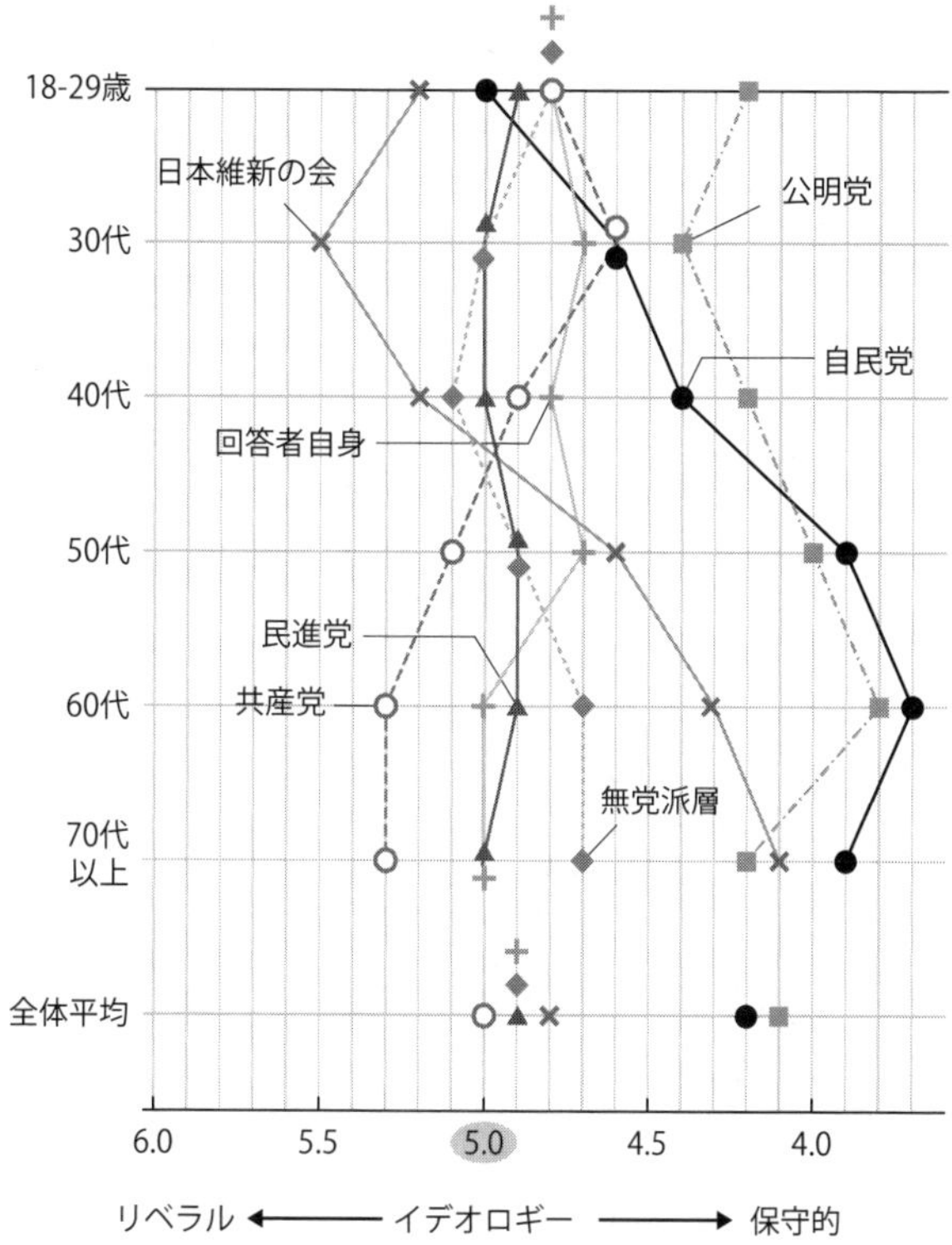

読売新聞・早稲田大学共同世論調査（2017年）より作成

も保守的なのが公明党、次いで共産党、民進党で、自民党は中道、もっともリベラルなのが維新になっている。驚くべきことに、いまの若者は共産党を「右派」、維新を「左派」と見なしているのだ。

さらに詳細を見ると、この「左右逆転」は50代と40代のあいだで起きていることがわかる。また30代で共産党の「右派度」と維新の「左派度」が最大になっている。

この興味深いデータからは、「若者が右傾化している」というのがまったくの俗説であることがわかる。若者はむかしもいまも一貫して「リベラル」なのだ。

だとしたら、日本の政治にいったい何が起きているのか。これはものすごくシンプルに説明できる。かつて「リベラル」とされていた政党が「右傾化」したのだ。こうして「リベラル」な若者は、より自分たちの政治的主張にちかい自民党＝安倍政権を支持するようになった。

私たちは、「右」と「左」が逆になった『不思議の国のアリス（鏡の国のアリス）』のような世界に迷い込んでしまったのだ。

変わらなければ生き残れない

社会心理学の研究によれば、政治観は年を経るにつれて変化するのではなく、一定の年代で固定するとされている。それが10代後半から20代前半で、この時期に特定の政治イデオロギーを支持すると、それは年齢を重ねてもなかなか変わらない。このことは、国会前で「民主主義を守れ」と威勢よく叫んでいた全共闘世代の高齢者を見ればわかるだろう。

40代と50代で政治的な「断層」が生じているならば、いまの40代が政治意識を形成した20年前、すなわち1990年代になにかが起きたはずだ。

真っ先に思い浮かぶのは、バブル崩壊と冷戦の終焉《しゅうえん》だろう。

1989年12月29日、東京証券取引所の大納会で日経平均株価は3万8915円の最高値をつけたが、年明けから株価は大きく下がり、10月には2万円割れまで暴落して「株バブル」が崩壊した(ただしその間も地価は上昇をつづけ、全国的な地価の下落がはっきりした

＊4　遠藤晶久、三村憲弘、山﨑新「維新は『リベラル』、共産は『保守』　世論調査にみる世代間断絶」『中央公論』2017年10月号

＊5　日本維新の会は橋下徹元大阪府知事が設立した地域政党・大阪維新の会を母体に、石原慎太郎元東京都知事の太陽の党が合流して結党された。2014年に解党(結いの党と合併)したものの、2015年に民進党との合流に反対する議員らが松井一郎大阪府知事を代表として再結成した。

のは92年になってからだ）。

世界ではベルリンの壁崩壊（89年11月9日）とソビエト連邦の解体（91年12月25日）という現代史を揺るがす大事件が起き、第二次世界大戦後の国際秩序をつくってきた冷戦が終焉した。

この混乱に乗じてイラクのサダム・フセインがクウェートに侵攻し、91年1月にはアメリカを中心とする多国籍軍の攻撃が始まった。日本では自衛隊の参加の是非が大論争を巻き起こし、それが現在の憲法改正論議につながっていく。

地価の暴落によってくすぶりつづけていた不良債権問題は、97年から北海道拓殖銀行、山一證券、日本長期信用銀行、日本債券信用銀行が次々と経営破綻したことで現実化した。日本経済は未曾有の危機を迎え、終身雇用制は有名無実と化し「リストラ」が流行語になった。日本の労働市場ではその後、非正規雇用が爆発的に増えていく。

ところが一転して、１９９９年にはシリコンバレー発のＩＴバブルの波が日本にも押し寄せた。「新世紀とともに世界が変わる」というユーフォリアにひとびとは酔いしれ、ＩＰＯ（新規株式公開）によって次々と億万長者になったベンチャー起業家の若者たちが新時代の偶像《アイコン》になった（そしてすぐにこのバブルも破裂した）。

それ以外にも、95年には阪神・淡路大震災とオウム真理教による地下鉄サリン事件が起きた。鄧小平《とうしょうへい》のもとで中国が驚異的な経済成長を始めたのもこの時期だ。

こうした出来事をいまから振り返れば、「90年代」が20歳前後の若者に送ったメッセージはきわめて明快だ。時代は彼らに、こう告げた。

「変わらなければならない。そうでなければ、生き残れない」

3人の「ポピュリスト」

日本共産党が貴重なのは、「変わらない」ことだ。憲法改正や安保法制はもちろん、特定秘密保護法や「共謀罪」、消費税引き上げから働き方改革、築地市場の移転に至るまであらゆることに反対し、現状変更を頑強に拒絶することで、有権者の3％程度の「岩盤支持層」を維持し、いまも衆参合わせて26名の議員を国会に送り込んでいる。

政策も支持層も固定化しているイデオロギー政党の存在によって、時代とともに日本人の価値観がどのように変わっていったのかを見ることができる。

20歳のときに政党観が決まるとすれば、1970年代にバリバリの左派と認識されていた共産党は、80年代から徐々に「右傾化」が始まり、90年代には右と左の中間になった。

だがこれは共産党が「中道」政党になったというよりは、「リベラル」の定義があいまいになった結果だろう。いずれにせよ、2000年代には共産党の位置は右に移動し、2010年代にはバリバリの右派に変わってしまったのだ（その後はすこし中道よりに動いている）。

90年代にリベラルの定義が混乱したのは、「ネオリベラル（新自由主義／ネオリベ）」が登場したからだ。

ネオリベは1930年代からソ連の計画経済を批判していたフリードリッヒ・ハイエクらヨーロッパの経済学者（オーストリア学派）を源流とし、1960年代にアメリカの福祉国家化に警鐘を鳴らしたミルトン・フリードマンなどシカゴ学派によって広く知られることになった。

ネオリベが大きな影響力をもつようになった背景には、第二次世界大戦後の経済復興の宴が終わったあと、欧米先進国の「リベラル＝ケインズ主義」が行き詰まった現実があった。「ゆりかごから墓場まで」といわれる理想的な福祉社会を完成させたイギリスは、はやくも1960年代には「ヨーロッパの病人」と揶揄《やゆ》されるまでに衰退し、社会は荒廃した。ロンドンの場末のクラブから始まり70年代後半に世界を席巻したセックス・ピストルズらのパンク・ロックはこの時代の象徴だ。

イギリスほどではなかったものの、フリードマンは『選択の自由』などの著書で、アメリカも同じ「死へと至る社会主義化への道」を歩んでいると批判した。こうして、アメリカではロナルド・レーガン、イギリスではマーガレット・サッチャーが大胆な民営化と規制緩和を断行して経済の活性化を図ることになる。その後この経済改革は、ソ連崩壊という「偉大な勝利」を導いたとして神格化されていった。

日本でも中曽根康弘内閣が国鉄民営化などを手がけたが、当時はジャパン・アズ・ナンバーワンの時代で、欧米と日本では経済状況が大きくちがっていた。大半の国民にとって、行財政改革は自分たちの生活とは関係のない「お役所の世界」の話だった。

ところが90年代になってバブル崩壊の影響が社会のいたるところに現われると、はじめて自分たちが変わらなくてはならない現実を突きつけられることになった。

こうした時代の変化にいち早く気づいたのが稀代のポピュリスト政治家である小泉純一郎で、「自民党をぶっ壊す!」と宣言して２００１年の総裁選に挑み、熱狂的な小泉旋風を巻き起こして首相の座を射止めた。小泉の劇場型政治を範にしたのが、やはり卓越したポピュリスト政治家である橋下徹で、「大阪から日本を変える」というスローガンで政界に新風を吹き込んだ。その橋下を徹底的に研究して登場したのが、日本ではじめての女性ポピュリスト政治家、小池百合子であることはいうまでもない。——ちなみに、ここでは「ポピュリスト」をネガティブな意味で使っているわけではない。

橋下徹と維新の会の特徴は、ネオリベを前面に押し出すという、日本の政党史のなかできわめて特異な存在だったことだ（先行例として、小泉路線を引きついだ渡辺喜美の「みんなの党」があった）。世代による維新の位置づけの大きなちがいを見れば、この間に何が起きたかがはっきりわかる。

50代以上は、維新のネオリベ改革路線を「反動右翼」「ハシズム」として拒絶した。だが40代以下にとっては、ネオリベこそが「リベラル」で、従来のオールドリベラルは「保守反動」にしか映らなかったのだ。

右傾化する「リベラル」政党

50代以上の高齢者にとってネオリベが「右翼」で、40代以下の若者にとってはオールドリベラルが「保守」になるのはなぜだろうか。その理由を知るには、安倍政権が進める「働き方改革」への評価を見るのがわかりやすい。

年功序列・終身雇用の日本的雇用制度は、若いときの低賃金労働をキャリアの後半で取り返し、定年で満額の退職金を受け取ることで帳尻が合う仕組みになっている。50歳といえば定年まであと10年なのだから、いまさら働き方を「改革」されるのは迷惑以外のなにものでもない。このひとたちにとっては、同一労働同一賃金をはじめとするあらゆる改革の試みを「生活破壊」として頑強に拒絶するのが経済合理的な最適戦略だ。

それに対して若い世代は、大蔵省（財務省）の「護送船団」行政で守られていたはずの大手金融機関があっけなく破綻し、三洋電機やシャープ、東芝など日本を代表する企業が次々と大規模なリストラに追い込まれ、中国や台湾の企業に切り売りされていく現実を目の当たりにしているから、そもそも終身雇用の幻想を抱いていない。そのうえ日本企業は「正社員」の既得権を守るために経営者と労働組合が結託して非正規雇用を増やしてきたため、就職氷河期には大学を出ても派遣や契約の仕事にしか就けなかった若者も多い。そんな「ロスジェネ世代」にとっては、高齢者の生活を守るためだけの「日本的雇用」などさっさと壊してもらったほうが未来に希望がもてるだろう。彼らが求めるのは労働市場の「改革」であり、高齢者の既得権の「破壊」なのだ。

だとすれば、国会前で全共闘世代の高齢者といっしょになって「民主主義を守れ」と叫んでいた一群の若者たちへの支持が、同世代のあいだでほとんど広がらなかったのは不思議でもなんでもない。

安倍政権への評価が若者世代と高齢者ではっきり分かれるように、現在の日本で起きているのは、「改革」をめぐる世代間対立だ。そのとき高齢者と共闘するのは、共産党を「保守」、維新を「リベラル」と考える多くの若者にとって、自分たちの世代への裏切りと感じられるのだろう。

日本社会は、「既得権にしがみつかないと生きていけない世代」と、「既得権を破壊しなければ希望のない世代」によって分断されている。「リベラル」を自称するひとたちは世代間対立論を毛嫌いするが、これ以外に高齢者と若者で右と左が逆転する理由は説明できない。

国民が一生のあいだに国に支払う額と受け取る額を世代別に推計したマクロ経済学の「世代会計」によれば、60歳以上の世代と（生まれていないひとを含む）将来世代を比較すると最大で1億円超の受益格差が生じている。[*6] だが「リベラル」な高齢者は（もちろん保守派の高齢者も）この明白な〝世代差別〟を認めようとせず、思考停止に陥って、「若者はバカだからネットの陰謀論に洗脳されている」という〝陰謀論〟にしがみついている。

50代以上にとっては、日本的雇用や（年金などの）社会保障制度を「保守」することが最大の利益だ。高齢のリベラル層が保守化することによって、「リベラル」な政党が支持者に合わせて「右傾化」していった。

野党（共産党や旧民主党・民進党）が「右傾化」すれば、当然、与党（自民党）は「リベラル化」していく。こうして小泉政権は「郵政改革」を掲げ、安倍政権は、「同一労働同一賃金」や「女性が活躍する社会」などのリベラルな政策を押し出すようになった。

このように考えれば、若者が〝改革派〟の安倍政権を支持し、高齢者層で支持率が低くなることになんの不思議もない。奇妙なのは、保守（守旧派）でしかないひとたちが自分のことを「リベラル」と言い張り、改革を進める安倍政権を「独裁」と批判していることなのだ。

安倍政権は旧民主党のコピー

私はこれまで「安倍政権はリベラル化している」と何度か指摘したが[*7]、いまでは首相自

＊6　島澤諭、山下努『孫は祖父より1億円損をする——世代会計が示す格差・日本』朝日新書

＊7　たとえば「『安倍は保守』とは言ってはいけない」（『文藝春秋』2017年11月号）

らが「私がやっていることは、かなりリベラルなんだよ。国際標準でいけば」と周囲に解説しているという。[*8]

だがこれは、「保守」を自任する安倍首相の本心がじつは「リベラル」だった、ということではない。そもそも私は安倍首相個人の政治信条についてはなにも知らないし、とくに知りたいとも思わない。これまで論じてきたのは、あくまでも「安倍政権の経済政策」についてだ。

安倍政権がリベラル化する理由は、「右（保守）」にライバルがいないことと、「リベラル」以外に政策の選択肢がないことで説明できる。

安倍首相は「保守」「伝統主義者」「右派」のイメージによって軸足を右に置き、中国や韓国に（もちろん北朝鮮にも）強い態度をとることで右翼・保守派（そしてもっとも面倒なネトウヨ）を黙らせることができる。そのうえで、「女性が活躍できる社会」や「働き方改革」で「左（リベラル）」にウイングを伸ばしていく。

この戦略が有効なのは、安倍政権と競合する有力な保守勢力が存在せず、これ以上「右」にウイングを伸ばしても新たな支持層は開拓できないが、「左」側には広大な沃野《よくや》が広がっているからだ。

このことは、旧民主党・民進党の苦境と比較するとさらによくわかる。

野田佳彦前首相は、その経歴や主張を見れば安倍首相と同じく保守派の政治家で、民主党政権では中国の強硬な抗議にもかかわらず尖閣国有化を断行している。野党に下野したあとは蓮舫代表の後見人として民進党幹事長となり党勢の回復を目指したが、東京都議選での壊滅的な惨敗によって辞任することになった。

安倍政権に対抗する以上、野田幹事長の戦略は「リベラル」に軸足を置き、「右」へとウイングを伸ばしていくほかはなかった。だが蓮舫代表の二重国籍問題ではげしいバッシングを受け、「左」には共産党という〝ポピュリスト政党〟があることで身動きがとれなくなってしまった。こうして保守的な有権者を取り込もうとしつつ共産党との共闘を模索するという股裂き状態に陥り、希望の党と立憲民主党に分裂することになった——その後、希望の党と合流して国民民主党になったことで民進党は消滅した。

消費税増税、TPP（環太平洋パートナーシップ協定）加盟、原発再稼働などの安倍政権の基本政策は、民主党・野田政権とほとんど同じだ。「人づくり革命」で提唱している教

＊8　朝日新聞2017年12月26日朝刊

育無償化は高校無償化の延長で、その政治姿勢はますます民主党に似てきている。2014年以降は靖国神社への参拝を見送り、東京裁判批判など歴史修正主義的な言動を控え、「いかなる譲歩も許されない」とされた従軍慰安婦問題では朴槿恵《パククネ》前韓国大統領と「最終合意」を結んだ。

安倍首相が北朝鮮のミサイル実験を「国難」として2017年10月に突然の総選挙に踏み切った理由のひとつは、小池東京都知事の「日本ファースト」に危機感を抱いたからだろう。

「左から右にウイングを伸ばす」という民進党の戦略が無残に失敗したことを見れば、安倍政権に対抗するためには、自民党よりもさらに右に政治的な立ち位置を決め、右派＝ネオリベ層を奪取するほかはない。小池都知事がこの戦略を自覚的に行なっていたことは、評判の悪い「排除」発言で希望の党からリベラル色を一掃しようとしたことからもわかる。

都知事選と都議選で敗北を喫した安倍首相にとって、自らの「右」に有力政党が生まれることは大きな脅威だった。だが小池新党は準備が整わない不意打ちのタイミングで総選挙を挑まれ敗北し、「右」のひとたちは多少の不満はあってもあいかわらず安倍政権を支持するほかなくなったのだ。

「一億総活躍」以外にどうしようもない社会

安保法制や自衛隊の海外派遣、特定秘密保護法や「共謀罪」など、リベラル派は安倍政権の「右傾化」「独裁」は明らかだというかもしれない。だがここで留意すべきは、安倍政権の「右傾化」とされる政策の多くが安全保障にかかわるものだということだ。

暴力事件でも殺人件数でも若年層の犯罪率でも、あらゆる統計で日本社会がどんどん安全になっているのは間違いない。だが世論調査では、「治安が悪くなった」とこたえるひとが8割にのぼっている。治安がよくなると、安全への期待水準が上がって体感治安は逆に悪化する。

これは日本だけの現象ではなく、世界じゅうで犯罪の厳罰化が進んでおり、アメリカでは微罪にも実刑を科すようになった結果、30代の黒人（アフリカ系アメリカ人）の10人に1人が刑務所に収容されており、黒人のコミュニティを破壊したと批判されている。スウェーデンがロシアの脅威を理由に徴兵制を復活させたように、安全保障への過剰な配慮も「リベラル」「保守」にかかわらず先進国（ゆたかな社会）に共通の現象だ。特定秘密保護法が旧民主党時代にも検討されたように、安倍政権が進める安全保障政策のなかにはリベラル政党でも実現したものもあるだろう。

安倍政権は「教育無償化」を掲げ、「女性が活躍する社会」を目指し、「同一労働同一賃金」を法制化しようとしている。「すべての国民が高い教育を受けられる」ことも、「子どもを産んでもハンディキャップにならない社会」も、「同じ仕事をしているのに待遇が異なる差別をなくす」のも国際標準のリベラルな政策で、安倍首相が自らを「リベラル」と解説するのは間違ってはいない。

日本の保守派は「年功序列・終身雇用の日本的雇用が日本人を幸福にした」として「雇用破壊」のTPPに反対し、夫がサラリーマンとして働き、妻が子育てに専念する性役割分業こそが日本の伝統だと一貫して主張してきた（いうまでもなく、これは戦後の高度成長期にアメリカから「輸入」したライフスタイルだ）。だが安倍政権が進める「働き方改革」では、こうした保守派の信念は一顧だにされない。

だとしたら、安倍首相は保守から「転向」したのだろうか。――じつはそうとはいいきれない。

日本の年金制度は55歳で定年退職し、65歳で寿命を迎えた時代に設計されたものだから、「人生100年」時代に行き詰まるのは当然だ。団塊の世代がすべて後期高齢者になる2

025年以降、健康保険や介護保険が現在の仕組みのまま持続できると考える専門家はいない。

夫が20歳から60歳まで40年間働いたお金で、住宅ローンを払い、子どもを大学に入れ、年金と貯蓄で専業主婦の妻と悠々自適の老後を過ごすという高度成長期のモデルはかんぜんに破綻した。100歳まで生きるとすれば「老後」は40年、夫婦2人で計80年だ。1000兆円もの借金を積み上げた日本国に、ますます増えつづける高齢者の面倒が見られるのか、冷静に考えればこたえは明らかだろう。

少子高齢化が否応なく進むなか、安倍首相の政治信条に関係なく、女性や高齢者に働いてもらわなければ人手不足の日本経済は回らなくなった。これが「一億総活躍」で、たしかにリベラルな政策ではあるものの、それは「ほかにどうしようもない」という日本が置かれたきびしい状況を表わしているのだ。

「リベラル」の欺瞞

最近になってようやく指摘されるようになったが、日本経済のいちばんの問題は労働生産性が低いことで、OECD35カ国中21位、先進7カ国のなかではずっと最下位だ。日本人は過労死するほど働いているが、一人あたりの労働者が生み出す利益（付加価値）は8万1777ドル（約834万円）で、アメリカの労働者（12万2986ドル）の7割以下しかない。[*9]

それればかりか、世界の労働者のエンゲージメント（会社や仕事に対するかかわり方）の度合いを調べると日本のサラリーマンは最低レベルで、もっともやる気がない。それもひとつの調査ではなく、OECDを含む10の機関でほぼ同じ結果が出ている。[*10]

これを手短に要約すると、「日本のサラリーマンは過労死するほど長時間働いているが、生産性がものすごく低く、世界でいちばん会社を憎んでいる」ということになる。

家庭に目を転じると、日本では若い女性の3割が「将来は専業主婦になりたい」と思っており、専業主婦世帯は約4割と先進国では際立って高い。しかし不思議なことに、家庭生活に満足している女性の割合を国際比較すると、共働きが当たり前のアメリカやイギリスでは7割が「満足」と答えるのに、日本の女性は4割ちょっとしかない。専業主婦になりたくて、実際に専業主婦になったにもかかわらず、彼女たちの幸福度はものすごく低い。[*11]

なぜこんなヒドいことになっているのだろうか。じつは、この問題はコインの裏表だ。専業主婦の家庭には、家事育児を妻に丸投げして会社に滅私奉公する夫がいる。

日本では、男は会社という「イエ」に、女は家庭という「イエ」に所属する。女性が出産を機に会社から排除されるのは、会社と家庭という2つのイエに同時に属することができないからだ。総合職でも子育て中は「マミートラック」という〝ママ向け〟の仕事をあてがわれることが、女性管理職がきわめて少ない理由になっている。

男女のジェンダーギャップだけでなく、正規／非正規、親会社／子会社、本社採用／現地採用など、日本的雇用制度ではあらゆるところに「身分」が顔を出す。日本は先進国のふりをしているが、その実態は江戸時代の身分制社会に近い。日本人同士が出会うと、まず相手の所属＝身分を確認し、尊敬語や謙譲語で上下関係を示そうとするが、こんな「風習」は欧米ではもはや存在しない。

近代の理想は、自由な個人が自らの可能性を社会の中で最大化できることだ。こうした価値観は日本人も共有しているが、実際には男は会社、女は家庭というイエに押し込めら

＊9　「労働生産性の国際比較　2017年版」日本生産性本部

＊10　ロッシェル・カップ『日本企業の社員は、なぜこんなにもモチベーションが低いのか』クロスメディア・パブリッシング

＊11　スーザン・D・ハロウェイ『少子化時代の「良妻賢母」──変容する現代日本の女性と家族』新曜社

れて身動きがとれなくなってしまう。理想と現実のこのとてつもない落差が、日本人の幸福度を大きく引き下げているのだろう。

「リベラル」の最大の失態は、「雇用破壊」とか「残業代ゼロ」とか叫んでいるうちに、同一労働同一賃金などのリベラルな政策で保守の安倍政権に先を越されたことだ。普遍的な人権を至上の価値とするリベラルこそが、先頭に立って日本社会の前近代的「差別」とたたかわなくてはならなかった。なぜそれができないかというと、大企業の労働組合もマスコミも、正社員の既得権にしがみつく中高年の男性に支配されているからだろう。

ここに、日本の「リベラル」の欺瞞《ぎまん》がある。彼らは差別に反対しながら、自らが「差別」する側にいるのだ。

日本的雇用は権力によって強制されているわけではない。「非正規社員を雇用しなくてはならない」とか、「女性を管理職や役員にしてはならない」という法律があるわけでもない。彼らがほんもののリベラルなら、まずは自分たちの会社で差別的な雇用制度を廃止し、積極的に女性管理職を登用したうえで、堂々と同一労働同一賃金の実現や「女性が活躍する社会」を主張すればいいのだ。

そうすれば若者たちも、喜んでリベラルを支持するようになるにちがいない。

2 リベラル化する世界

日本の近現代史には、明治維新と敗戦による占領という2つの大きな屈折がある。このうち保守は明治維新（すなわち近代化）の「伝統」を、リベラルは米軍占領下で制定された「民主憲法」を保守する立場だととりあえずは定義できるだろう。ところが小泉以降の自民党政権が、安全保障で保守的な立場を堅持しながら経済政策をリベラル化（ネオリベ化）したことでこの関係が混乱し、私たちは「右」と「左」が逆になった「不思議の国」に放り込まれることになった。

だがこれは、日本だけの現象とはいえない。安倍政権がリベラル化するもうひとつの、そしてより本質的な理由は、世界全体がリベラル化しているからだ。

もちろんここで、「トランプ大統領はどうなるのか?」とか、「イギリスは国民投票でEUからの離脱を決めたではないか」との批判がたちまち寄せられるだろう。これらはまさに、世界全体の「右傾化」の象徴とされている。

三位一体の巨大な潮流

「リベラル化する世界」という一見奇妙な主張の前提となるのは、私たちを取り巻く現代社会が、ＡＩ（人工知能）やＩＣＴ（情報通信技術）などテクノロジーの急速な進歩を背景に、①知識社会化、②グローバル化、③リベラル化が相互に関連しあって大きく変容しているという事実だ。この「三位一体」の変化を、高度化した知識社会を象徴するシリコンバレーの、たとえばグーグルのような会社で考えてみよう。

インターネットビジネスは、ウイナー・テイク・オール（勝者総取り）といわれるきわめてきびしい競争環境で行なわれている。ライバルに決定的なイノベーションを先取りされれば、これまで隆盛を誇っていた巨大企業もあっというまにつぶれてしまう。

そんな過酷な世界で生き残るには、他社に先んじて優秀な人材を雇い入れなければならない。純化した知識ビジネスでは、イノベーションはきわめて高い知能をもった人間にしか生み出せないのだ。――ちなみにこの「知能」は学歴とは関係ない。ビル・ゲイツもスティーブ・ジョブズも大学を卒業していないし、グーグルは一時、「博士号コレクター」と揶揄されるほど有名大学の博士課程の卒業生を優先的に採用したが、彼らがまったく使えなかったためわずか数年でその方針を撤回した。

　インドにとてつもなく優秀なプログラマーがいたとしよう。しかし「アメリカファースト」の会社は外国人を雇えないから、この人材を契約社員にするか、下請けとして使うしかない。それに対して社員の国籍に関係なく、実力さえあれば本社の社長にもなれる会社が同じ給与を提示したとすると、このきわめて賢い人物がどちらを選ぶかは考えるまでもないだろう。

　グローバルな人材獲得競争をしているIT企業は、国境（国籍）の壁で社員を差別すれば、たちまちライバルに優秀な人材を奪われてしまう。これが、知識社会化がグローバル化と一体になって進む理由だ。――本社採用と現地採用で社員を「国籍差別」する日本企業はこうして競争から脱落しつつある。

　企業の競争力を毀損する壁は国籍だけではない。性別、人種、宗教、年齢、性的指向、身体的・精神的な障がいなどで社員を差別する会社は、それによって優秀な人材を獲得する機会を失ってしまう。競争に勝ち残るのは、能力（知能）以外のすべての差異を問題とせず、もっとも大きな人材プールのなかから最適な人物を採用する会社だ。

　肌の色で社員を差別せず、ゲイやレズビアンを受け入れ、障がい者を雇用し、あらゆる社員を平等に扱う会社は「リベラル」と呼ばれる。このようにして、知識社会化とリベラル化も一体となって進行する。グローバル市場でビジネスをする以上、社員を差別する会社は取引先や消費者の信頼も得られないだろう。

このことからわかるように、シリコンバレー型の「リベラル」とは、普遍的な人権を前提として、グローバル市場から能力＝知能のみで労働者を平等に選別・採用し、そこから生み出されたイノベイティブな商品やサービスをグローバル市場に平等に提供するビジネスモデルのことなのだ。

「右傾化」というバックラッシュ

もちろん、こうした説明に違和感をもつひともいるだろう。マスメディアでは毎日のように、さまざまな論者が「社会が右傾化している」と警告しているからだ。たしかにヨーロッパでは極右政党が台頭し、トランプは保護主義的な関税引き上げを行なったが、しかしそれだけでは現実の一面しか見ていない。

知識社会というのはその定義上、知能の高いひとが大きなアドバンテージをもつ社会だ。知識社会化が進むということは、仕事に必要とされる知能のハードルが上がるということでもある。そう考えれば、「知識社会化＝グローバル化＝リベラル化」が三位一体で進むにつれてそこから脱落するひとが増えるのは避けられない。これが「中流の崩壊」と呼ばれる現象で、欧米では彼らの怒りが社会の保守化＝右傾化を招いている。

この事態は、喫煙にたとえるとよく理解できるだろう。

私が子どもの頃は病院の待合室で煙草を吸うのが当たり前で、風邪で咳き込む幼児の隣で大人が紫煙をくゆらす光景は珍しいものではなかった。１９８０年代になっても病院の一角には喫煙所があり、そこは患者や見舞い客の吐き出す煙でかすんでいた。しかしいま、病院の待合室で煙草をくわえようものなら狂人を見るような視線を浴びることは間違いない。喫煙に対する価値観は、わずか50年足らずでここまで大きく変わったのだ。

こうした「嫌煙化」の潮流に愛煙家は強く反発しているが、彼らは「病院で堂々と煙草が吸えた時代に戻せ」といっているわけではない。嫌煙へと向かう社会の流れを受け入れたうえで、街の片隅で肩身を狭くしてこそこそと煙草を吸う「愛煙権」を認めてほしいと訴えているのだ。

米大統領選ではドナルド・トランプの人種差別的・女性差別的発言が問題とされ、それにもかかわらず多くの白人有権者がトランプに投票したことがアメリカ社会の「右傾化」

を象徴しているといわれたが、彼らは「アメリカを白人国家にしろ」とか、「奴隷制を復活させろ」と要求しているわけではない。それどころか、自分たちは「見捨てられた白人」だと主張している。――これについては次章で述べる。

「反知性主義・グローバリズム批判・保守化」というのは、愛煙家による「嫌煙ファシズム」批判と同じで、行き過ぎた「知識社会化・グローバル化・リベラル化」に対するバックラッシュ（反動）なのだ。

アメリカでは「人種差別」は減っている

アメリカの進化心理学者スティーヴン・ピンカーは『暴力の人類史』（青土社）で、欧米社会の価値観を詳細に（邦訳で上下巻1400ページにわたって）検討し、啓蒙主義の時代から、あるいはさらに遡ってルネサンスや大航海時代から、人種差別、女性の権利、子どもへの虐待、同性愛者の権利、残酷な動物実験などあらゆる分野で一貫して「リベラル化」が進んでいることを論証した。この変化はとりわけ第二次世界大戦後に顕著で、「あらゆる暴力を忌避する」という巨大な潮流がヨーロッパを席巻し、それが世界へと広がっていった。ピンカーはこの世界史的な変化を「権利革命」と名づけた。*12

歴史をひもとけば、ジェノサイドやテロリズムと並ぶヘイトクライム（憎悪犯罪）は民族暴動のことで、憎悪にとりつかれた暴徒が異民族や「敵」と見なされた集団を手当たり次第に殺し、レイプし、拷問し、手足をもぎとる惨劇が世界各地で起こった。ヘイトクライムの特徴は、加害者（若い男たち）が異様な高揚を感じながら残虐行為を行ない、事件のあとでも良心の呵責《かしゃく》を覚えないことだ。――それがどんなものか知りたいなら、1965年にインドネシアで起きた「共産党員」に対する大規模な虐殺（100万人以上が殺害されたとされる）の加害者をインタビューした映画『アクト・オブ・キリング』を観てほしい。

もちろんアメリカも例外ではない。17世紀から19世紀にかけて、ピルグリムファーザーズ、ピューリタン、クエーカー教徒、カトリック、モルモン教徒、ユダヤ人など、ほぼすべての宗教グループが殺人的暴動の標的になり、インディアン（ネイティブアメリカン）への暴力はジェノサイドと呼んでいいほど凄惨をきわめた。そのなかでも長期にわたって苦しめられてきたのが黒人で、南部では南北戦争後の数年間で何千人もの黒人が殺されて

＊12　以下の記述はピンカー『暴力の人類史』より

いる。

だがこうした殺人を含むヘイトクライムは19世紀なかばのヨーロッパで減少しはじめ、アメリカでも19世紀末から殺人的な暴動が減り、1920年代までには末期的な衰退に入った。ジャズ歌手ビリー・ホリデイは1940年代の代表曲「奇妙な果実」で、木に吊るされた黒人男性を「南部の木には奇妙な実がなる」と歌ったが、犯罪記録によればその頃には黒人へのリンチは年数件まで減っていた。――最後の有名なリンチは1955年に、14歳の黒人少年が白人女性に口笛を吹いたことを理由に拉致され、片目をえぐり出されて殺された事件だ。

「奇妙な果実」がひとびとのこころに響いたのは、リンチが日常的に行なわれていたからではなく、（白人を含む）多くのアメリカ人が黒人へのリンチをおぞましい犯罪と感じるようになっていたからだ。この名曲は、アメリカ社会の人種問題に対する価値観の変化を象徴している。

現在では、かつてのＫＫＫ（クー・クラックス・クラン）のように暴力的な白人集団が祝祭的な気分のなかで黒人を処刑するヘイトクライムは考えられないが、それでも黒人などマイノリティに対する迫害はつづいている。白人警官による黒人の被疑者の射殺・暴行が大きな社会問題になったようにアメリカから人種差別がなくなったとはとうていいえないものの、その一方で次のようなデータもある。

ＦＢＩの統計によれば、人種を理由に殺害された黒人は１９９６年に（全米で）５人で、それが２００８年には１人になった。年間１万７０００件の殺人が起きる国で、憎悪殺人は「統計ノイズ」にまで減少している。

人種を理由にした黒人への加重暴行（凶器などを用いた故意の悪質な暴行）、単純暴行、脅迫などは年間数百件（暴行）から１０００件（脅迫）程度起きている。けっして少ない数とはいえないが、アメリカでは年間１００万件の加重暴行が起きているからその比率は０・５％ほどで、ほとんどの犯罪に人種は関係していない。

こうした傾向は他の民族グループについても同じだ。

２００１年の９・11同時多発テロでブッシュ政権は〝報復〟のためにアフガニスタンとイラクに侵攻したが、その一方で、米国内でイスラームに対する暴動は起きていない。これはイスラーム過激派によるマドリード（２００４年）やロンドン（２００５年）の爆破事件でも同じで、人権擁護団体「ヒューマンライツファースト」によれば、ムスリムに対する嫌がらせはあっても憎悪によって生じた殺人は西洋全体で１件も確認されていない。テロに対して個人的な暴力で報復することは、先進国ではほぼ放棄されたのだ。

ヘイトクライムの減少と同時に、人種差別的な発言に対する批判もきわめてきびしくなっている。アメリカでは、「レイシスト」のレッテルを貼られた政治家や芸能人、企業経営者などは社会的地位を失うし、企業はマイノリティを平等に扱っていることをアピールしようと必死になる。白人の優越が当然のこととされた100年前と比べれば、これはとてつもなく大きな変化だ。

今の男性は1970年代の女性よりフェミニスト

権利革命の次の舞台は女性に対する暴力、とりわけレイプだ。

モーセの十戒には「汝、姦淫《かんいん》するなかれ」とあるが、「汝、強姦するなかれ」とは命じない。ユダヤ古代社会では、女性は夫の所有する財産の例のなかで、家屋の後ろ、奴隷と家畜の前に置かれていた。レイプは女性に対する犯罪ではなく、女性の父親や夫の財産を奪ったことが罪とされた（娘の処女性を父親から盗んだレイプ犯は、被害女性を自分の妻として買い取ることで罪をあがなうことができた）。こうした女性の扱いはユダヤ社会だけでなく、キリスト教社会やイスラーム、アジアやアフリカなど古今東西どこの文化でもほぼ同じだ。

差別的な女性観は現代までつづいており、女性は「もらわれた」ことを婚約指輪で周囲に知らせ、結婚式では父親から夫に引き渡される。1970年代までは夫婦間のレイプはどの国でも犯罪とは見なされなかったが、これは自分の持ち物をどうしようと本人の自由だからだ。

だが数千年つづいたこの理不尽な風習も、1970年代のフェミニズム第二波によって変わりはじめる。

1971年のスタンリー・キューブリックの映画『時計じかけのオレンジ』では、主人公は女性をその夫の前でレイプすることに快感を覚える。この作品について『ニューズウィーク』は、「人間の性格を最も深いレベルで限りなく探求したものであり、真に人間らしいとはどういうことかを表明したものだ」と称賛したが、これは当時としては一般的な映画評だった。

だがそれから40年経って、いまでは大衆文化でレイプが肯定的に描かれることは皆無になった。この変化を象徴的に表わしているのが、大量殺人から小児性愛まで（若い）男性のありとあらゆる妄想を集めたコンピュータゲームだ。研究者が1980年代以降のゲームの内容を分析したところ、ひとつの都市をまるごと破壊する〝ジェノサイド〟は許されても、キャラクターに別のキャラクターをレイプさせるものはごく一部を除けばタブーで、その少数の例外もただちにはげしい反発を招いた。

アメリカでは１９７０年代から犯罪全般が減少しているが、そのなかでも過去35年間でレイプ率は80％も減っている。かつてはレイプが真剣に取り扱われなかったり女性がレイプを訴えるのをためらったことを考えれば、実際の減少率はこれよりさらに大きいだろう。

なぜレイプは急速に減ったのか。これはもちろん、女性に対する暴行を根絶しようとするフェミニストたちの運動が警察や司法を動かしたからだが、それと同時に、女性の社会進出によって西洋文化がどんどんユニセックス化していることも大きい。１９７０年から１９９５年までのアメリカの大学生男女の意識について調べると、「女性は自分の権利を心配するよりも良妻賢母になることを考えるべきだ」などの質問項目に対し、１９９０年代前半の男性は１９７０年代の女性よりも高いフェミニスト意識をもっている。先進国では、いまや誰もがフェミニストなのだ。

この歴史的変化にともなって、妻に対するＤＶ（ドメスティック・バイオレンス）も急速に減っている。

アメリカでは（日本でも）、つい最近まで夫が妻を殴ることは犯罪とは見なされなかったし、不倫をした妻を殺すことには情状酌量の余地があると考えられてきた。１９８７年には「男性が妻をベルトやステッキで殴るのは一様に悪いこと」と考えているアメリカ人は全体の半分しかいなかったが、それが10年後の97年には86％まで大きく増えた。同様に、いまでは80％以上のアメリカ人がＤＶを「社会的にも法的にも非常に重要な問題」と考え、99％が「男性が妻を負傷させた場合は法的介入が必要」と回答している。レイプと同様にこの20年間で、夫婦であっても女性への暴力は強く忌避されるようになったのだ。

こうした傾向がいまでもつづいていることは、ハリウッドの大物プロデューサーのセクハラ疑惑報道をきっかけに広がった「#Me Too（私も）」運動を見ても明らかだろう。フランスの女優カトリーヌ・ドヌーヴが「男には口説く権利がある」と述べて批判を浴びたが、「恋愛は男のナンパで始まるのだからセクハラとの区別などできない」という理屈は、かつてはまったく奇異なものではなかった。だが今では、強引に口説いたり身体に触れたりすることはセクハラという不道徳な行為になり、女性のかんぜんな合意を得ない性行為は犯罪と見なされて社会的制裁の対象になった。それに対して男性は逆に被害感情をもつようになったが、大物女優に代弁してもらわなければその気持ちを表わすことさえできないのだ。

リベラルは勝利したことで敗北する

ここでは詳述しないが、西欧社会では人種差別や女性差別と同様に、子どもの虐待、同性愛者への暴力犯罪、残酷な動物実験も強く嫌悪されるようになった。

1950年代のスウェーデンでは親の94%が尻叩きをしていたが、1995年には33%まで3分の1に減っている（毎日尻叩きをする親は33%から4%にさらに大きく減少した）。ドイツでは1992年の時点で81%が子どもを平手打ちし、41%が子どもの尻を棒で叩き、31%が子どもの体にあざができるまで殴っていたが、2002年にはそれぞれ14%、5%、3%まで減少している。

こうした流れを受けて、1979年にスウェーデンは尻叩きを違法とし、他の北欧諸国などもそれに追随し、国連とEUは加盟国すべてに尻叩きを廃絶するよう要請した。

同性愛が神への冒瀆《ぼうとく》か否かをめぐってはげしい議論が交わされているアメリカですら、国民の大半が同性愛者にも均等な就職機会をもたせるべきだと考えている。こうした寛容さは若い世代ほど顕著で、10代や20代の若者は相手の性的指向が同性愛か異性愛かをほとんど気にしなくなった。

また科学の領域でも、「ヒト以外の動物にはどんな実験をしてもかまわない」という常識が崩れ、ほとんどの科学者が実験動物も痛みを感じると考えるようになった。1970年代から始まった「動物の権利」運動は、狩猟（ハンティング）や捕鯨を文化として容認せず、肉食を忌避するベジタリアンを流行の最先端に押し上げた（ただし肉の誘惑を絶つのは難しく、本物のベジタリアンはアメリカの人口の3％程度しかいない）。

こうした「権利革命」の潮流は、近代の啓蒙主義と、そこから発展した人道主義、自由主義（リベラリズム）を源流とする。とりわけヨーロッパでは、第二次世界大戦のホロコーストの衝撃と、冷戦期に核の恐怖にさらされたことが「人権」を強く意識させ、凄惨なユーゴスラヴィア内戦を目の当たりにしたことで「普遍的人権は国家の主権を超える」という新しい国際常識が生まれた。

この「拡張された人権概念」は西欧からアメリカのブルーステート（東部のニューヨーク、ボストンや西海岸のカリフォルニア）、レッドステート（中南部）、カナダやオーストラリアなど英語圏の移民国家（アングロスフィア）を経由して、日本・韓国・台湾など東アジアの先進国、ラテンアメリカやアジアの民主国家、さらには中国のような非民主的な社会に広まり、中東やアフリカへと波及していく。

アメリカでも専門家を含むほとんどのひとが、ニクソン、レーガン以降の40年間、社会はどんどん〝右傾化〟していると考えている。だが人種間結婚や女性の権利獲得、同性愛の許容、子どもへの処罰、動物の扱いなど、権利革命のさまざまな成果を見るかぎり、「今日の保守層はかつてのリベラル層よりずっとリベラルになっている」ことは間違いない。

なぜこのような変化が世界じゅうで起きているのか。その背景にはさまざまな要因があるだろうが、そのなかからもっとも重要なものを挙げろといわれたら、それはテクノロジーだとピンカーはいう。ラジオ、テレビ、映画、電話、インターネット、スマートフォンといった「電子革命」が知識を拡散し、「新しい平和」と「長い平和」をもたらした。情報ネットワークがいたるところに張り巡らされた国際社会（コスモポリタン）では、ひとびとは肌の色や国籍、民族、宗教が異なるだけでは、相手を「絶滅すべき敵」と感じることができなくなったのだ。――国際社会が「リバタニア（リベラル共和国）」であることは後述する。

世界が急速にリベラル化していることと、世界的にリベラルが敗退していることは矛盾しない。

リベラル化の巨大な潮流は、奴隷制やアパルトヘイトなど善悪のはっきりしているほとんどの問題を解決するという大きな成果をあげた。その結果、残っているのは信仰の自由と世俗主義の対立、経済格差と自己責任、地球温暖化や原発の是非など、かんたんには善悪を決められないやっかいな問題ばかりだ。

近代医学が治療可能な病気を制圧したことでひとびとの健康寿命は大幅に延びたが、それによってがんのように治療困難な病気に関心が集まり、ひとびとの不安は逆に高まった。これと同様に、現代社会においてリベラルは勝利したことで敗北しているのだ。

日本でも「リベラル化」は進んでいる

「世界はリベラル化しているかもしれないが、安倍政権誕生以降、日本は確実に右傾化した」というひともいるかもしれない。だがこれはほんとうだろうか。

今上天皇の生前退位をめぐる有識者会議のヒアリングでは、櫻井よしこ氏、八木秀次氏、故・渡部昇一氏ら名だたる保守の論客が退位に反対する意見を開陳し、「天皇は祈っているだけでよい」などの発言があったと報じられた。もし日本社会の「右傾化」が事実なら、国民は個人（今上天皇）の意思より日本の伝統を尊重する保守派に賛同しただろう。だが世論調査では9割以上の国民が生前退位を支持した。

「やりたいことは（法に反しないかぎり）自由にできる」「やりたくないことは強制されない」という自己決定権はリベラルな社会の根本原理だ。自分たちの主張が一顧だにされなかったことは保守派・伝統主義者には衝撃だろうが、興味深いことに、いつもは保守派の論客を絶賛する「ネトウヨ」も天皇の自己決定権を支持していた。彼らの価値観も、やはり「リベラル」へと大きく傾いているのだ。

安倍首相への「忖度《そんたく》」が批判された森友学園問題では、幼稚園児に教育勅語を暗唱させ、軍歌を歌わせる特異な教育理念を掲げる理事長が、「真に日本国を支える人材を育てる」小学校の開校について高邁《こうまい》な理想を国会で訴えた。もし日本の「右傾化」が事実なら、幼い子どもをもつ全国の親が「森友学園のような学校をつくってほしい」と自治体に陳情するはずだが、連日、ワイドショーで〝神道カルト〟ともいうべき教育場面が面白おかしく流されただけだった。日本社会は伝統に回帰しているわけではなく、いまの親が幼稚園に求めるのは英語などの「グローバル教育」だ。

それ以外にも、「リベラル化」の兆候はいたるところに見られる。

大相撲の巡業で、挨拶をしていた市長が倒れた際、救命措置を施した女性看護師に対して行司が繰り返し土俵から下りるよう場内放送したが、女人禁制を「日本の伝統」と擁護する声はまったくなく、相撲協会は強い批判にさらされた。財務省事務次官の女性記者へのセクハラは、以前なら「よくあること」と容認されただろうが、いまや猛烈なバッシングを浴びている。

自民党の竹下亘《わたる》総務会長が宮中晩餐会への同性パートナーの出席に「反対」と発言したにもかかわらず、河野太郎外務大臣は「天皇誕生日祝賀レセプション」に駐日外国公館幹部の同性パートナーをはじめて招待した。日本の保守派は天皇家を「理想の家族」とし、「イエ」のなかに同性愛者が加わることを認めてこなかったが、天皇にかかわる行事に同性パートナーが参加したことはほとんど話題にならなかった。結婚後の旧姓使用についても、戸籍制度を日本社会の根幹と見なす保守派はこれまで「イエ」の姓は一つに限るべきだと強硬に主張してきたが、弁護士出身の女性最高裁判事が旧姓を使用することにさしたる反対はない。

このように、欧米を後追いしながら日本社会の価値観も確実にリベラル化している。だとすれば「右傾化」とはいったいなんなのか。それを次に考えてみたい。キーワードは「アイデンティティ」だ。

PART2　アイデンティティという病

3 「ネトウヨ」とは誰のことか

世界がどんどんリベラルになっているのなら、「リベラルな朝日」はなぜこれほど嫌われるのか？

その理由のひとつは、社会全体の高齢化とともに「リベラルの保守化」が顕著になったことだ。このひとたちの主張は「(自分たちの既得権にかかわることは)なにひとつ変えたくない」に要約できるが、これでは若者たちから見離されても仕方がない。

しかしこれだけなら、「朝日ぎらい」に見られる底知れぬ憎悪は説明できない。たんなる政策論争や政治思想のちがいなら、論壇やアカデミズムで議論すればいいだけだ。

しかし現実には、書店の店頭には「朝日ぎらい」の雑誌や書籍の煽情《せんじょう》的なタイトルが並んでいる。特定のメディアへの批判がひとつのマーケットをつくりだすのは(おそらく)日本でしか見られない珍現象で、それだけ日本の戦後において朝日新聞の存在が大きかったということなのだろう。

「朝日ぎらい」の理由を訊けば、多くのひとが滔々《とうとう》と語るだろう。そのなかには正当なものもあると思うが、ここでその一つひとつを検証しようとは思わない。[*13] 私の興味は、「朝日」についてなぜひとはこれほどまで感情的になるのか、ということだ。

それを知るためには、現代においてもっとも過激な「朝日ぎらい」である「ネトウヨ（ネット右翼）」について考えてみる必要がある。

非マイノリティポリティクス

日本におけるネトウヨの定義は難しい。「朝鮮人を殺せ」などの醜悪なヘイトスピーチを行なう団体がネットから生まれたことは間違いないが、最大のヘイト団体である在特会（在日特権を許さない市民の会）の会員を直接取材したものは、ジャーナリスト安田浩一氏の『ネットと愛国』（講談社+α文庫）、『ヘイトスピーチ――「愛国者」たちの憎悪と暴力』（文春新書）と社会学者樋口直人氏の『日本型排外主義――在特会・外国人参政権・東アジア地政学』（名古屋大学出版会）くらいしかない。

＊13　現在に至る朝日批判は、1994年に刊行された稲垣武氏の『「悪魔祓い」の戦後史――進歩的文化人の言論と責任』（文藝春秋）でほぼ語りつくされているだろう。

「定職をもたないか、非正規で低賃金労働に従事する貧しい若者」が社会に対する憎悪を韓国や中国、「在日」や「朝日」にぶつけているというのが一般的なネトウヨ像だろうが、樋口氏はこれは根拠のないステレオタイプで、排外主義運動の参加者には大学卒やホワイトカラーのサラリーマンも多いという。しかしこれにしても、直接ライフヒストリーの聞き取りができたのは34名で、この調査だけでは全体像はわからない（サンプル数が少ないのはそれだけ協力者を集めるのが難しいからだ）。そこでここではとりあえず、SNSやネットニュースのコメント欄にヘイト発言を繰り返し投稿するひとたちを考えてみよう。

ポータルサイトの分析では、ニュースのコメント欄へのヘイト発言は主に1週間に10 0回以上のコメントをする〝コア層〟によってなされており、1％の投稿者がコメント全体の20％を形成している。

こんなことをしていてはまともな社会生活は送れないと思うのだが、ネトウヨについてのいくつかの調査は、彼らの中心が40代であることを示している。これは奇しくも、20代で日本と世界の激変を体験し、「右」と「左」の価値観が逆転した世代だ。

ヘイトコメントの大量投稿がごく一部だからといって、ネトウヨを特殊なひとたちと切って捨てることはできない。彼らがヘイト投稿に夢中になるのは、高い評価（いいね）と結びついているからだ。ネトウヨの背後には、彼らのコメントに共感する膨大な〝サイレントマジョリティ〟がいる。

ネットワーク社会論の木村忠正氏は、ネットニュースのコメント欄などの投稿を分析し、「ネット世論」に頻出するテーマとして次の3つを挙げている。*14

① 韓国、中国に対する憤り（嫌韓・嫌中意識）
② 「弱者利権」（立場の弱さを利用して権利を主張、獲得する）認識に基づく、マイノリティ（社会的少数者）への違和感
③ マスコミに対する批判

そのうえで木村氏は、ネトウヨを愉快犯的な投稿に駆り立てる主要な動機は、「嫌韓・嫌中」というよりも「弱者利権」批判だと指摘している。「ネット世論の主旋律には、社

*14 木村忠正「『ネット世論』で保守に叩かれる理由―実証的調査データから」『中央公論』2018年1月号。詳細は『ハイブリッド・エスノグラフィー』として新曜社より近刊予定。

会的少数派や弱者に対する強い苛立ちが脈打っている」のだ。

「在日特権」という語に象徴されるように、ネトウヨは少数派（マイノリティ）の権利の訴えを「自分たちは弱者だと主張することで利権を手に入れようとしている」と考える。

ネトウヨの「嫌韓・嫌中」には、「歴史修正主義やナショナリズムの問題というよりも、慰安婦問題、戦争責任、戦後補償、植民地支配について、韓中にいくら謝罪しても結局（第二次大戦時における弱者の立場を盾に取り賠償金をとろうとして）問題を蒸し返されるという意識が根底には強く横たわっている」。だからこそ嫌韓・反中のナショナリズムは「少年法（未成年の保護）」「生活保護」「ベビーカー」「ＬＧＢＴ」「沖縄」「障害者」などへの批判や不寛容へとシームレスにつながるのだ。

ネトウヨは、従来のリベラル的「マイノリティポリティクス（少数派のための政治）」を強烈に批判・嘲笑し、彼らなりの「正義」と「公正さ」を積極的に求める。木村氏はこれを「非マイノリティポリティクス」と名づけた。「非マイノリティ」とは「マジョリティ」のことだが、彼らは「マジョリティ」として満たされていないと感じている。

私なりに解釈すれば、「非マイノリティ」というのは、名目上はマジョリティ（多数派）だが実体としてはマイノリティ（少数派）であるひとびとのことだ。「在日特権」の語に象徴されるように、「『弱者』を装って利権をほしいままにするマイノリティ（外国人）のために、自分たちマジョリティ（日本人）が『弱者＝被害者』になっている」という倒錯した意識がネトウヨの特徴だ。

マスメディア（朝日的なるもの）を「マスゴミ」と揶揄する背景にも、この「非マイノリティポリティクス」がある。これは少年犯罪に顕著で、ネトウヨは、未成年であることを理由に加害者の人権が保護される一方で、生命を奪われた（未成年の）被害者の実名や顔写真が報じられることの理不尽さを繰り返し告発することで、自らの手で「正義」を実現しようとしているのだ。

「白人至上主義者」はネトウヨ

ネトウヨは中国や韓国からいつまでも「過去」を批判されることに憤り、人権を盾に利権をむさぼる「弱者」を批判し、リベラルな（あるいは商業主義的な）「マスゴミ」をバッシングする。ここで興味深いのは「歴史修正主義」「弱者利権」「マスゴミ批判」という三点セットがそのまま欧米にも当てはまることだ。

トランプ大統領を生み出した「白人至上主義者」の主張は、次の3つにまとめられる。

①「黒人は白人に差別されている」「奴隷制の負の遺産は清算されていない」といつまでも過去を批判されることへの憤り

②（主に黒人の）マイノリティが、アファーマティブ・アクション（積極的差別是正措置）を利用して過剰な利益を手にすることへの反発

③ＣＮＮやニューヨーク・タイムズなどリベラルな大手メディアの「偽（フェイク）ニュース」への批判

アメリカでは白人と黒人の人種間対立が深刻な社会問題になっているが、ヨーロッパではこれはキリスト教徒（白人主流派）とムスリム移民との宗教対立になり、「いつまでも植民地支配を批判されつづけることへの憤り」と「移民が生活保護を受給して安逸な暮らしを手に入れることへの反発」になる。こうして見ると、日本、アメリカ、ヨーロッパできわめてよく似た現象が起きていることがわかる。

だがこれは、日本のネトウヨがアメリカやヨーロッパの「右傾化」をリアルタイムに把握して、それを真似ているということではない。彼らの多くは英語やフランス語、ドイツ

語を解さないだろうし、それ以前に外国の排外主義者のことになどなんの興味もないだろう。それにもかかわらず国境を越えて彼らの言動がひとつに収斂《しゅうれん》していくとしたら、その背景にはより根源的ななにかがあるはずだ。

それを知るために、日本にさきがけて「ネトウヨ」的なものが台頭し、社会の分裂がよりはっきり観察できるアメリカに目を移してみよう。

「人種差別」をしないレイシスト

朝日新聞2017年8月29日朝刊「再びうごめく白人至上主義　デモ衝突で犠牲者　米に深い傷」では、金成隆一記者が同年4月にアパラチア山脈の町、ケンタッキー州パイクビルで行なわれた白人至上主義団体の集会を取材している。

パイクビルは人口7000人ほどで、「住人の98%超が欧州白人」「子どもの3人に1人、高齢者の5人に1人が貧困層」「トランプ氏の得票が8割を超えた」典型的な「貧しい白人たち」の町だ。ここで白人至上主義の団体が集会を開くのは、現状に不満を抱える白人労働者を勧誘するためだ。

彼らは腰に銃やナイフを携行し、ライフル銃を担ぐ者もいる（アメリカは憲法で国民の武装する権利を認めている)。かつては奴隷制に反対する黒人をリンチし木に吊るした秘密結社KKKや、ナチスと似た「国家社会主義」「神の兵士」「戦うキリスト教徒」を名乗る団体もいる。

ところが金成記者の質問に対して、団体幹部は自分たちの主張をこう説明する。

「米国で白人は優遇されてきたと言われるが、この一帯を車で走れば、違うとわかる。彼らの声は代弁されていない。エリートに見捨てられた白人だ」

「白人やユダヤ人のエリートに虐げられているのは(黒人やヒスパニックら)人種的な少数派と思い込む人が多いが、この産炭地では白人も被害を受けている。帝国主義時代の植民地のようだ」

町での示威行動のあと、「白人至上主義」団体は山奥の私有地での集会に移動した。金成記者がこの集会を取材した場面はきわめて興味深いので、その部分を引用しよう。

会場は白人ばかり。記者は好奇の目にさらされたが、日本から来たと自己紹介すると彼らの態度が変わった。敬礼する者もいる。

KKKの名刺を差し出してきた若者が言った。「私は(戦前の)帝国主義時代の日本を尊敬している。みんなも同じだ。どの民族にも固有の文化があり、尊重されるべきだ。日本は模範だ」

白人の優越を信じているのかと質問すると、口々に否定した。「日本人にIQテストで勝てないのは自明だ」。一人が冗談っぽく答えると、隣の男性がまじめな顔で続けた。「私の本業は自動車の修理工だが、日本車の方が米国車よりも優秀だ。白人の方が優れていると言うつもりはない。ただ、それぞれの民族が固有の土地を持つべきだと言っているだけだ」

このやりとりでわかるのは、そもそも彼らは自分たちが「人種差別」をしているとは思っていないことだ。そんな彼らに「レイシスト」のレッテルを貼って批判しても、話がかみ合わないのは当たり前なのだ。

「絶望死」する白人たち

アメリカの白人のあいだで階級格差が広がっている事実をもっともよく示すのが、ホワイト・ワーキングクラス（白人労働者階級）の死亡率が増加していることだ。世界的にもアメリカ全体でも平均寿命が延びつづけているというのに、彼らの平均寿命だけが短くなっている。プリンストン大学のアン・ケース教授とアンガス・ディートン教授は、白人の低学歴層の死亡率が高くなる主な原因はドラッグ、アルコール、自殺だとして、これを「絶望死（deaths of despair）」と名づけた。

2人によれば、25〜29歳の白人の死亡率は2000年以降、年率約2％のペースで上昇しているが、他の先進国では、この年代の死亡率はほぼ同じペースで低下している。50〜54歳ではこの傾向がさらに顕著で、米国における「絶望死」は年5％のペースで増加しているという。

誰が「絶望死」しているのかもデータから明らかだ。アメリカでは、高卒以下のひとびとの死亡率は、あらゆる年代で全国平均の少なくとも2倍以上のペースで上昇しているのだ。*15

低学歴の白人労働者が「被害者」だとしたら、いったい誰が彼らを差別しているのか。それは、「グローバル資本主義に乗ってウマい汁を吸っている（白人）エリート」ということになる。彼ら「グローバリスト」の政治的立場は民主党支持なので、保守派（ホワイト・ワーキングクラス）はリベラルを激しく憎悪する。これが「アメリカの分裂」だ。

かつては鉄鋼業で栄えたラストベルト（さびついた街）の「出口なしの世界」を描いてトランプ大統領誕生後に大きな反響を呼んだのがJ・D・ヴァンスの『ヒルビリー・エレジー――アメリカの繁栄から取り残された白人たち』（光文社）だ。

ヴァンスは、貧しい子ども時代を送ったオハイオ州の町を「当時から現在にいたるまで仕事も希望も失われた地方都市」と呼ぶ。そこに住んでいるのは「ヒルビリー（田舎者）」と呼ばれるスコッツ＝アイリッシュで、カトリックのアイルランド人（アイリッシュ・アメリカン）ではなく、北アイルランドからアメリカに移住したプロテスタントのスコットランド人の子孫たちだ。

ヴァンスの母は薬物中毒で父親はなんども変わり、祖父母に育てられた。友人の多くはアルコールかドラッグに耽溺《たんでき》するか、犯罪に巻き込まれて生命を落とした。そんな境遇からヴァンスが抜け出すきっかけは、高校を出て海兵隊に入隊したことだった。名誉除隊後に奨学金を得てオハイオ州立大学からイェール大学へと進み、名門法律事務所の一員にな

＊15　Anne Case and Angus Deaton (2015) "Rising morbidity and mortality in midlife among white non-Hispanic Americans in the 21st century." *PNAS*

って「（プア・ホワイトとリッチ・ホワイトの）2つのアメリカ」を体験したことで、リベラルな知識層が気にもかけなかったヒルビリーの存在を世に問うことができたのだ。

デール・マハリッジとマイケル・ウィリアムソンの『繁栄からこぼれ落ちたもうひとつのアメリカ——果てしない貧困と闘う「ふつう」の人たちの30年の記録』（ダイヤモンド社）は、1980年代から2009年まで、職を失い放浪の旅に出たひとびとを新聞記者とカメラマンが追った記録だ。ここに登場するのも「出口なし」の状況に陥った貧しい白人たちだ。

2017年のアカデミー賞主演女優賞と助演男優賞を受賞した映画『スリー・ビルボード』の舞台もミズーリ州の白人ばかりの貧しい街で、レイシストの警官を筆頭に登場するのは「（洗練された）リベラルの基準」から逸脱した田舎者ばかりだ。彼らは東部（ニューヨーク、ボストン）や西海岸（ロサンゼルス、サンフランシスコ）のゆたかな白人たちから「ホワイト・トラッシュ（白いゴミ）」と馬鹿にされてきた。

彼らヒルビリーに共通するのは、「アメリカ社会から見捨てられた」という強い怒りだ。それが「白人」という記号と結びついて強固で偏狭なアイデンティティとなり、巨大な政治勢力へと成長した。こうして、ドナルド・トランプという異形の大統領が誕生したのだ。

日本人アイデンティティ主義

アメリカの歴史において最大の「分裂」は、奴隷制の存続を主張する南部11州と、リンカーン率いる北部23州の南北戦争（1861〜1865年）だ。アメリカにおける「歴史問題」は南北戦争の評価をめぐるもので、2017年8月、南軍の英雄だったロバート・リー将軍の銅像を市内の公園から撤去しようとする計画に白人の極右団体などが反発し、アメリカ南部のバージニア州シャーロッツビルに集結した。そこには人種差別に反対する市民団体も集まっており、極右の若者が反対派に車で突っ込み死者1名と多数の負傷者が出た。この事件に対し、トランプ大統領が「一方の集団は悪かったが、もう一方の集団もとても暴力的だった」などと〝喧嘩両成敗〟的な発言をしたことではげしい非難にさらされることになる。

シャーロッツビルに集結した「極右」の白人たちは、アメリカのエリートから「レイシスト」のレッテルを貼られて毛嫌いされている。だが『ニューヨーク・タイムズ』のコラムニスト、デイヴィッド・ブルックスは、彼らを「保守的な白人アイデンティティ主義者」と呼び、人種差別と共通する部分もあるが、両者は同じものではないと指摘している。

米国公共宗教研究所の調査では、共和党員の約48％が「米国のキリスト教徒は多くの差別を受けている」と思い、約43％は「白人が多くの差別を受けている」と考えている。この調査を受けてブルックスはいう。

「人種差別というのは、ほかの人が自分より劣ると感じることだ。白人アイデンティティ主義は、自分が虐げられていると思うことなのだ」[*16]

「白人アイデンティティ主義」は人種主義の一種ではあるものの、それを一概に「人種差別（レイシズム）」と決めつけることはできない。彼らは自分たちこそが「被害者（マイノリティ）」だと訴える、「白人であるということ以外に誇るもの（アイデンティティ）のないひとたち」なのだ。

これと同様に、ネトウヨを「（日本人であるということ以外に誇るもののない）日本人アイデンティティ主義者」と定義しよう。アイデンティティ（自己同一性）は「自分さがし」によって見つける〝ほんとうの自分〟のことだとされるが、この理解は正しいとはいえない。徹底的に社会化された動物であるヒトに「俺たち（集団）」から分離された自己などもてるはずはなく、アイデンティティとは「社会的な私」の核心にあるものだ。――これについては次で解説する。

非白人の国ではじめて近代化に成功した日本は、第二次世界大戦で徹底的な敗北を喫したものの、戦後の経済成長によって「世界第2位の経済大国」へと躍進した。だが90年代以降、日本経済が低迷する一方で、驚異的な経済成長を遂げた中国に「GDP世界2位」の座を奪われ、さらには先進国の仲間入りをした韓国がいまや一人あたりGDPで日本に並ぼうとしている。

ネトウヨが中国や韓国に異常にこだわる理由は「歴史問題」だけでなく、「アジアで（あるいは有色人種で）もっとも優れた民族」という日本人の優越感を彼らが脅かすからだろう。これが白人（欧米）へのコンプレックスの裏返しでもあることは、アメリカ人の著者が書いた嫌韓本がベストセラーになっていることからもよくわかる。日本の右傾化とは、嫌韓・反中を利用した日本人の「アイデンティティ回復運動」のことなのだ。

もちろんこれは、歴史問題において一方的に日本が悪いということではない。中国や韓国も偏狭なナショナリズムによって同じことをやっているし、冷戦終焉で自由主義と共産主義のイデオロギー対立がなくなったことで、いまや世界のあらゆるところでアイデンテ

＊16　朝日新聞2017年9月8日朝刊「コラムニストの眼」

ィティをめぐる闘争が勃発している。そのなかでは、お互いを口汚く罵るだけの日中韓の「歴史問題」ははるかにマシな部類に入るだろう。

問題なのは、アイデンティティの対立が憎悪に直結することだ。後述するようにそれは、旧石器時代から、さらにはそれ以前のサルと未分化だった頃から私たちの先祖がやってきた「部族間の殺し合い」の感情なのだ。

「在日認定」とはなにか？

ネトウヨのあいだではずいぶん前から「在日認定」というレッテル貼りが広がっている。韓国や中国の主張に理解を示したり、日本を批判したりした（と思われる）相手を通名（日本名）を使った在日韓国・朝鮮人だと「認定」するのだが、なぜこんな意味のないことを嬉々として行なうのだろうか。

もともと日本の右翼の主要敵は「ソ連」「中共（中国共産党）」「（日本）共産党」で、新右翼はそれに「反米」を加えたが、韓国や「在日」を批判する発想はなかった。朴正熙《パクチョンヒ》の軍政時代の韓国は北朝鮮や中国と対峙する最前線で、日本の陸軍士官学校を卒業した朴は右翼や自民党の保守政治家と太い人脈をもっていた。そのうえ日本の右翼運動はヤクザと混然一体となっており、ヤクザのなかには「在日」も多かった。

そのように考えれば、「在日認定」は従来の右翼・保守派とはまったく別の文脈から出てきたことになる。だったらそれはどこから生まれたのか?

じつはこの疑問は、ネトウヨが「右翼」ではなく「日本人アイデンティティ主義者」だと考えればかんたんに解ける。

アイデンティティは「社会的な私」で、自分が属す集団を攻撃されると脳は実際に痛みを感じる。殴りつけられれば誰でも怒るのに、「日本人というアイデンティティ」を貶められても怒らないのは「日本人」ではないからだ――。こうして、韓国や中国に理解を示す(ような)発言をすると「在日認定」され、「反日左翼」のレッテルを貼られることになる。

それに加えてネトウヨは、韓国や中国にどれほど怒りを感じたとしてもソウルや北京で抗議行動をすることができないという物理的・心理的制約を抱えている。彼らには、日本国内に自分たちの怒りをぶちまける相手がどうしても必要だ。このようにして、北朝鮮の核実験や拉致問題になんの関係もない東京・新大久保や大阪・鶴橋でヘイトデモが行なわれることになる。

旧民主党の議員や「朝日」へのバッシングも、外国語を使えないという制約によって、

「日本語」で罵倒できる標的（スケープゴート）を見つけなければならないという事情から説明できるだろう。「外に敵がいる」よりも「あなたの隣に敵が潜んでいる」ほうがプロパガンダとしてはるかに強力だ。ネトウヨにとっては、「日本人」としての怒りを共有しない者は国籍にかかわらずすべて「反日」であり「在日」なのだ。

このようにして、今上天皇が「反日」認定されるという奇妙奇天烈なことが起きる。日韓ワールドカップ（2002年）開催に際して「桓武《かんむ》天皇の生母が百済《くだら》の武寧王《ぶねいおう》の子孫であると、続日本紀に記されていることに、韓国とのゆかりを感じています」と述べた今上天皇は、2017年9月に皇后とともに埼玉県の高麗《こま》神社に参拝した。続日本紀には、東国7カ国に住んだ高麗人が716年に武蔵国に移住し、高麗郡を建郡したとされている。この参拝が報じられると、ネットには両陛下を「反日左翼」などとする批判が登場した。*17

従来の右翼の常識ではとうてい理解できないが、これも「日本人アイデンティティ主義者」の論理からは当然の帰結なのだ。

離島は「乗っ取れる」か？

ネトウヨの特徴にフェミニズムを嫌悪する「女性嫌悪（ミソジニー）」がある。その論理は「嫌韓」と同じで、女性（活動家）が〝弱者〟であることを利用して特権を手に入れ、男性を抑圧していると考えるのだ。こうした被害者意識は、アメリカの「白人至上主義者」やヨーロッパの「極右」にも見ることができる。

「白人」「日本人」「男性」というアイデンティティに共通するのは、「なんの努力もせずに手に入り、共同体の外部にいる他者がそれを名乗ることはできない」ということだ。

アメリカのホワイト・ワーキングクラスが「白人の権利」を声高に主張できるのは、「黒人」が自分と同じアイデンティティを手に入れることが原理的にあり得ないからだ。これが、「人種」がもっとも強固なアイデンティティになる理由だろう。

「男性」も同じで、性転換によって性別を変えるほかない。だが「日本人」は国籍を取得すれば誰でもなれるし、外国人のまま日本人と（ほぼ）同等の権利を行使することも可能だ。これが、ネトウヨが外国人参政権問題に異常にこだわる理由になっている。

近代国家にとって「誰を国民とするか」は重要な問題で、国籍や市民権の付与には血統

＊17　「高麗神社参拝の天皇陛下を『反日左翼』と呼ぶ人たち」『週刊朝日』2017年10月6日増大号。ネットには「天皇特権を笠に着た反日左翼」の表現もある。

主義（日本）と出生地主義（アメリカ）が混在している。だが定住外国人の地方参政権については、先進国のなかで口角泡を飛ばす論争になっているのは日本だけだ。[*18]

行政の側からすれば、住民の権利と義務をシンプルに定めたほうが「管理」がしやすい。こうした理由から多くの国で、定住外国人に対し、「地方自治に参加する権利を与える代わりに住民としての義務を自覚させる」統合政策が政府主導で進められるようになった。

だが日本では、「離島に外国人が大挙して住み着いて乗っ取られる」と主張する保守派の頑強な反対によって、国政ばかりか地方政治ですら外国人の参政権は認められていない。

「外国人に乗っ取られる」とされる筆頭は日本の最西端に位置する与那国島だ。尖閣諸島にも近く中国の漁船や調査船が頻繁に領海を侵犯しているとされるが、はたして主権国家の領土をそんなにかんたんに「乗っ取れる」ものなのか、それを知りたくて与那国島を訪れた。

テレビドラマ「Dr.コトー診療所」のロケ地になった与那国島は面積28・95平方キロ、1周約25キロで徒歩でも回れる大きさだ。人口は1706人、928世帯（2017年12月）で、そのうち150人程度が与那国駐屯地の自衛隊員だ。

地方参政権を与えられた外国人がこの島を「乗っ取る」ためには、2000人が移住しなければならない。都市部ならたいした数ではないだろうが、島にはそもそも住むところがないから、土地を取得して住宅を建設するところから始めなくてはならない。そのうえ在留資格を得るには就労が条件になるが、観光といっても美しい海があるくらいで、2000人もの雇用があるはずはない。「外国企業が大規模なリゾート開発をする」というかもしれないが、それによって世界じゅうから多くの観光客が訪れるようになれば島の経済にとって素晴らしい効果を生むだろう。

この莫大な投資を某国が行ない、それによって永住外国人の議員が地方議会で過半数を占めることが、もしかしたらあるかもしれない。しかし人口数千人の自治体に国政への影響力はまったくなく、国会を動かして島の帰属を変えることなどできるはずはない。世界じゅうで外国人の地方参政権が広く認められているのは、それが主権への脅威になり得ないとわかっているからだ。

それでもまだ不安だというのなら、安全保障上、重要な地域では外国人参政権を制限すればいいだろう。2015年に与那国島で自衛隊配備の是非を問う住民投票が行なわれ、

＊18 前出『日本型排外主義』

永住外国人にも投票が認められたが、その人数は5人だった。それに対して日本で暮らす在留外国人の数は247万1458人（2017年6月末）だ。権利を与えられない与那国島の5人は不満かもしれないが、納税の義務を果たしている250万人の在留外国人が正当な権利をもてるなら納得するのではないだろうか。

誇るものの価値

在留外国人の地方参政権問題は典型的な「外国人嫌悪（ゼノフォビア）」だが、その一方で、少子高齢化で日本経済は空前の人手不足に陥り、いまではスーパーやコンビニ、居酒屋などで働く外国人を誰もが目にするようになった。過疎化が進む地方にいたっては、「外国人労働者がいなくては成り立たない」のが常識だ。しかしそれでも、ヨーロッパに見られるような「移民排斥運動」は起きていない。――在日韓国・朝鮮人の多くは二世、三世でもはや「移民」とはいえない。

その理由のひとつは、日本で働く外国人が東アジアや東南アジアから来ていて、外見が似ていて違和感がないからだろう。欧米でも東欧や南欧からの白人の移民は急速に主流派社会に同化していった。

日本で移民排斥運動が起きないもうひとつの理由は、帰化のハードルが高く、彼らが「日本人」になる可能性がきわめて低いことで説明できる。「日本人のアイデンティティ」が脅かされないのなら、外国人が（安い賃金で）働くことはべつにかまわないのだ。

安倍政権はこのことを熟知しているので、外国人参政権に反対しながら外国人労働者の「活用」を進めており、これについては表立った反対はない。それに対して旧民主党は、世界標準の外国人参政権を導入しようとしてネトウヨの逆鱗に触れ、ヘイトコメントの嵐に見舞われることになった。

ネトウヨが在日韓国・朝鮮人を「朝鮮半島に叩き出」さなくてはならないのは、日本国籍を取得して「日本人」になってしまうかもしれないからだ。彼らにとって最大の脅威は、日本に続々と移民がやってきて「日本人」になることだ。

なぜなら、彼らがたったひとつしかもっていない「誇るもの」の価値が失われてしまうのだから……。

4　正義依存症と愛国原理主義

２０１６年5月、自民党から共産党まで超党派の賛成多数でヘイトスピーチ対策法が可決した。在特会などのヘイト活動が海外メディアでも報じられ、国連の人種差別撤廃委員会でも問題にされるに至って、政治的立場を超えてヘイト問題が看過できなくなったのだ。

在特会を長く取材してきたジャーナリストの安田浩一氏がデモの様子を描写しているが、参加者が叫ぶ罵詈雑言はその一部でも紹介する気になれないほどグロテスクなものだ。

その安田氏は、「(在特会の)会員にはどんな人が集まるのか?」と訊かれて、「そのへんにいる人たちですよ」とこたえるという。嬉々として「朝鮮人を殺せ」と叫ぶのは、「中学生や高校生もいれば、サラリーマンも主婦も年金生活者もいる」ごくふつうのひとたちなのだ。[*19]

とはいえ私は、彼らは「ふつう」ではあるものの、ある日突然、誰がヘイトデモに参加しても不思議はないとは思わない。それが生得的なものか環境によるものかは別として、彼らには一貫した性格的特徴がある。その話はあとでするとして、ここでは「ふつうのひと」がなぜヘイトにハマるのかを考えてみたい。

「俺たち」と「奴ら」

最低限の常識をもっていれば、見ず知らずの他人に向かって「ぶっ殺せ」「首を吊れ」などといえるはずはない。しかし現実には、それよりもずっと聞くに堪えない暴言を大音声で連呼するひとたちが日本社会にはいる。ヘイトデモの参加者は最盛期で300人程度だが、在特会にネットで登録した会員数は1万6000人を超えている（ただし入会金・会費なし）。

彼らがヘイトスピーチを堂々と行なうのは、自分たちが「正義」だと思っているからだ。正義の感情は「善」と「悪」の対立において、「善」の側に立っているという確信から生まれる。ヘイトデモの参加者にとって、自分たちは「日本人（善）」の代表であり、在日韓国・朝鮮人は「悪」なのだ。

現代の進化論は、ヒトは集団のなかで自分を目立たせつつ、敵の集団を打ち負かすとい

＊19　前出『ヘイトスピーチ』

う複雑なゲームをしていると考える。集団のなかで目立たなければ配偶者を得られないが、集団同士の抗争に敗北すれば皆殺しにされてしまう。私たちはみな、このゲームに習熟した者たちの子孫だ。

ひとが集団を即座に「俺たち」と「奴ら」に分割することは、さまざまな心理実験で証明されている。

有名なものとしては、1968年のアメリカで、小学生を目の色でグループ分けした実験がある。

教師が小学3年生を「青い目」と「茶色の目」で分け、「青い目の子はよい子です」「茶色の目の子は悪い子です」と告げただけで、15分後には青い目の子は茶色の目の子を見下すようになった。それればかりか、青い目の子は数学と国語のテストの成績が上がり、茶色の目の子の成績は下がった。だが翌日、教師が「昨日いったことは間違いでした。茶色の目がよい子で、青い目が悪い子です」というと、まったく逆のことが起きたのだ。[*20]

その後、もっとかんたんな方法でも内集団（俺たち）と外集団（奴ら）をつくりだせることが確認された。「青い目」と「茶色の目」は個人の属性だが、1970年にイギリスで行なわれた実験では、14歳と15歳の少年たちを、自分の順番のときにたまたまモニタに映されたドット（点）の数が多いか少ないかでランダムにグループ分けしたが、たったこれだけで、相手が誰なのか知らないにもかかわらず内集団のメンバーにより多くの報酬を与えた。少年たちはみなこのグループ分けになんの意味もないことを（意識では）わかっていたが、無意識のうちに内集団を優遇し、外集団を差別したのだ。[*21]

「正義依存症」のひとびと

ネトウヨは自分たちの言動が「正義」だと確信している。ところで、正義とはそもそもなんだろうか。古来、あまたの思想家・哲学者がいろんなことを語ってきたが、現代の脳科学はこれを1行で定義する。

「正義は快楽である」。これだけだ。

復讐はもっとも純粋な正義の行使で、仇討ちの物語はあらゆる社会で古来語り伝えられてきた。脳の画像を撮影すると、復讐や報復を考えるときに活性化する部位は、快楽を感

＊20　ウイリアム・ピータース『青い目茶色い目―人種差別と闘った教育の記録』日本放送出版協会
＊21　Henri Tajfel (1970) "Experiments in intergroup discrimination." *Scientific American*

じる部位ときわめて近い。道徳的な不正を働いた者をバッシングすることは、セックスと同じような快楽をもたらすのだ。

ドーパミンはヘロインやコカインの中毒症状の原因となることで知られており、ラットは(ドーパミンを放出する)脳の報酬系に電気的な刺激を与える装置のボタンを餓死するまで押しつづける。

同様に道徳に反した者を罰すると、それを見ただけで脳からドーパミンが放出される。*22

こうした傾向は男性にとくに顕著で、ネトウヨがアルコール依存症やギャンブル依存症、ドラッグ中毒と同じ、インターネット社会が生み出した病理現象=正義依存症であることを示している。

正義依存症はもちろんネトウヨだけではない。「反安倍」や「反原発」でえんえんと呪詛の言葉を書き連ねるのも同じだし、女性タレントの不倫から男性ミュージシャンの不倫を暴いた週刊誌まで、匿名の「正義」を振りかざす機会をさがしてネットを徘徊するのも同類だ。

ネットメディアの世界では、もっともアクセスを稼ぐ記事が有名人のゴシップ(噂話)と正義の話だというのはよく知られている。「こんな不正は許せない」という話にひとはものすごく敏感だ。

ふつうのひとたちが不道徳な政治家や芸能人、犯罪容疑者を夢中になってバッシングするのは、それが共同体を維持するのにもっともコストの安い方法だからだ。

ルールに違反した者を罰しなくてはならないとしても、警察官をあらゆる場所に配置するわけにはいかない。しかしこれには、ものすごくかんたんな解決方法がある。すべてのひとを「道徳警察」にして、お互いに違反者を罰するようにすればいいのだ。そして狡猾《こうかつ》な進化は、社会的な動物であるヒトの脳にこうした仕組みを埋め込んだ。

「問題」のある記事が投稿されるとたちまち何千件ものコメントが殺到するが、匿名という安全地帯から「悪」を攻撃するのはヘロインやコカイン、覚せい剤のようなドラッグを摂取するのと同様の快感をもたらすのだろう。だからこそ彼らは、より強い刺激を求めて1日に数百回ものコメントを書き込む。ネトウヨにとって「韓国」「中国」「朝日」は快楽を得るためのドラッグで、意思のちからではヘイトコメントの投稿を止めることができな

＊22 Tania Singer, etc. (2006) "Empathic neural responses are modulated by the perceived fairness of others." *Nature*

いのだ。

「愛と絆」による差別

ドーパミンを「快楽ホルモン」、セロトニンを「幸福ホルモン」と呼ぶならば、オキシトシンは「愛と絆のホルモン」だ。

視床下部で合成されるオキシトシンは、女性では子宮頸《けい》部の刺激によって分泌される。性交によってエクスタシーを感じるとオキシトシンが分泌され、相手に対する愛着が形成される。妊娠時には母親の脳は高濃度のオキシトシンに支配され、出産時には子宮頸部が強く刺激されることによって大量のオキシトシンが放出される。オキシトシンは授乳によっても分泌されるから、これによって母と子の絆が「生理学的に」つくられていく。[*23]——オキシトシンは男性の射精でも脳内に分泌され〝愛情〟を生み出す。

恋人同士や親子など一対一の関係だけでなく、このオキシトシンにはさまざまな効果がある。

匿名のパートナーに金銭を一時的に預けさせるゲームで、被験者の鼻にオキシトシンを噴霧するとパートナーをより信用するようになる。他人を助けたいと思っているひとは、誰かが苦しんでいるビデオを観るとオキシトシンのレベルが上がる。それ以外にも、愛情や信頼についてのさまざまな実験で、ヒトだけでなく動物でもオキシトシンが「愛と絆」を強めることが確認されている。

だったら、このホルモンを全人類に噴霧すれば世界は平和になるのだろうか。残念なことに、事態はまったく逆になりそうだ。

トロッコ問題は「道徳のジレンマ」として知られている。

——暴走するトロッコの先には5人の作業員がいる。それに気づいたあなたの横には切り替えスイッチがあり、それを使えばトロッコの進行方向を変えることができる。だがその線路にも1人の作業員がいて、大声を出しても気づかず、あなたにできるのは切り替えスイッチを押すことだけだ。あなたは1人を犠牲にして5人を救うべきか？

この思考実験には多くの哲学者が挑戦し正解はないが、オランダの心理学者はこれにちょっとした工夫を加えた。5人の作業員のなかの1人に名前をつけたのだ。ペイター（オランダ人）、アフメド（アラブ人）、ヘルムート（ドイツ人）で、これで3つのグループがで

＊23　中野信子『シャーデンフロイデ—他人を引きずり下ろす快感』幻冬舎新書

きた。

被験者は全員がオランダ人の男性で、ペイターのいるグループが内集団（俺たち）、アフメドとヘルムートのいるグループが外集団（奴ら）になる。内集団と外集団で切り替えスイッチを押すかどうかの選択が変わるかを調べるのが実験の目的だ。――切り替えスイッチを押せば5人の作業員を助けることができる。

その結果は、ペイター（オランダ人）のグループとヘルムート（ドイツ人）のグループでは差はなく、ペイターとアフメド（アラブ人）のグループでもわずかに（オランダ人を助ける）内集団びいきが見られただけだった。リベラル化したいまのオランダ人は、人種や国籍でほとんどひとを差別しないのだ。

そこで次に、ランダムに選んだオランダ人の被験者に「愛と絆のホルモン」であるオキシトシンを噴霧してみた。すると今度は、ヘルムート（ドイツ人）のグループよりもペイター（オランダ人）のグループの生命を助ける割合がすこし高くなった。だが驚いたのは、アフメド（アラブ人）よりもペイターのグループの生命を救おうとする割合がものすごく高くなったことだ。

この結果から心理学者は、「オキシトシンは内集団びいきの郷党的な利他主義者にする効果がある」と結論した。[*24] 敵対する集団にそれぞれオキシトシンを噴霧して「愛情」を高めると、かえって対立が激化するのだ。

ただしこの実験が示すのは、オキシトシンが外集団（奴ら）に対する憎悪を生み出すということではない。オランダ人の被験者はアラブ人への敵意からではなく、自分たちと同じ国籍の作業員（ペイター）への「愛と絆」が増したことによって、結果的に排他的になったのだ。

「愛は世界を救う」のではなく、「愛」を強調すると世界はより分断される。だが内集団びいきが間接差別を助長するとしても、それがただちに外集団への直接的な攻撃を促すわけではない。このことは、国を愛することがただちに排外主義につながるわけではないことを示している。

ヘイトスピーチを叫ぶようになるには、「俺たち（日本人）」と「奴ら（在日）」を分割するだけでなく、「俺たち」の暴力を正当化する何かが必要なのだ。

＊24 Carsten K. W. De Dreu, etc. (2011) "Oxytocin promotes human ethnocentrism." *PNAS*

思想的リーダーの誕生

国際政治学者ダニエル・W・ドレズナーによれば、近年のアメリカの世論は「知識人」ではなく「思想的リーダーThought Leader」と呼ばれる一群のひとたちに大きく影響されている。「思想的リーダー」は聞きなれない言葉だが、「オピニオン・リーダー」とは異なって、〝意見〟ではなく自らの〝思想〟によって世界を変えていこうとするひとたちのことだ。彼らの特徴は、メディアに頻繁に登場する有名人で、ベストセラーの著者として、テレビのニュース番組のコメンテーターとして、あるいは富裕層向けの講演の話者として大きな富を手にすることだ。――アメリカでは、いったん注目を集めると講演料は1回7万ドル（約800万円）にもなるという。[*25]

ドレズナーは、アメリカの言論市場を思想的リーダーが席巻するようになった背景に「権威の信用低下」「政治的二極化」「経済格差の拡大」があるという。ここでいう「経済格差の拡大」は、ごく一部の超富裕層に莫大な富が集中した結果、彼らが政治だけでなく大学やシンクタンクなど「知識産業」にも影響力を行使するようになったことで、アメリカに特有の現象だろうが、あとの2つは日本にもそのまま当てはまる。

ドレズナーが国際政治の分野で挙げる代表的な思想的リーダーは『文明の衝突』のサミュエル・ハンチントンと『歴史の終わり』のフランシス・フクヤマで、ビジネスコンサルタントやシリコンバレーの起業家もおり、そこに特定のイデオロギーがあるわけではない（右も左もいる）。彼らに共通するのはアカデミズムの中心にいるわけではないこととメディアを通じて大きな影響力をもつこと、そして「思想」が経済的な成功と結びついていることだ。CNNのコメンテーターなどは博士号をもつ者も多いが、トークラジオと呼ばれるリスナー参加型番組のパーソナリティは極端な右派イデオロギーをもち、熱烈なトランプ支持者で〝庶民派〟を売りにする思想的リーダーだ。

日本の思想的リーダーといえば、かつては小田実《まこと》のような戦後民主主義のスターの名前があがっただろうが、いまでは多くのひとが右派論壇の著名人を思い浮かべるだろう。それほどまでに言論市場における彼らの影響力は大きい。

社会学・メディア文化論の倉橋耕平氏は、1990年代の保守言説とメディア文化の関係を分析して、その特徴はアマチュアリズムとサブカル化だと指摘する。[*26]

*25　ダニエル・W・ドレズナー『思想的リーダーが世論を動かす――誰でもなれる言論のつくり手』パンローリング

アマチュアリズムを象徴するのが「新しい歴史教科書をつくる会」で、1997年に結成されたときの中心メンバーは藤岡信勝（教育学者）、西尾幹二（ドイツ文学者）、西部邁（経済学者）、小林よしのり（マンガ家）といった面々で、会の目的が歴史教科書を編纂することであるにもかかわらず日本史の専門家の名前は見当たらない。逆にいえば、（彼らが「自虐史観」と呼ぶ）既成の歴史アカデミズムに対して、メディアなどで知名度の高い「歴史のアマチュア」が反旗を翻したことが大きなインパクトをもたらしたのだ。

90年代の右派論壇のもうひとつの特徴が「読者参加」だ。こちらの典型は産経新聞社が発行する月刊誌『正論』で、慰安婦問題や朝日批判を積極的に取り上げるとともに、「読者の指定席」という読者投稿欄を拡充し、読者の疑問に執筆者や編集者が応答するコーナーなどを含めると50ページを超えることもあった。読者欄が人気を博するにつれて部数も増え、1990年初頭の10万部台から2004年までに15万部ほどになったという。

1980年代には読者投稿だけで編集された雑誌『おしゃべりマガジン　ポンプ』があったし、読者が面白おかしい写真を投稿する『宝島』の「VOW」も人気企画だった。倉橋氏が指摘するように、『正論』の読者コーナーはサブカル雑誌の手法を論壇に移植したものだ（小林よしのり氏も『ゴーマニズム宣言』で読者参加を効果的に演出した）。インターネットの登場で著者（コンテンツ制作者）と読者（消費者）の大規模な相互コミュニケーションが可能になったが、それはすでに90年代に「サブカル化」した右派論壇で行なわれていたのだ。

右派論壇のポストモダンとエンタメ化

「アマチュア」が右派論壇に参入し、サブカル化によって活性化した背景には、当然のことながら「歴史問題」がある。本書の文脈では、冷戦の終焉によって「仮想敵」としてのソ連＝共産主義が存在感を失い、左右のイデオロギー対立が後景に退いたことで、東アジア（日本・中国・韓国）のアイデンティティ対立が前面に出てきたということだ。主流派のアカデミズムはこのパラダイム転換についていくことができず、その空隙を多様な出自の思想的リーダーが埋めていった。

アマチュアが専門家を代替できたのは、アカデミズムの権威が失墜していたからでもある。そこにはもちろん、旧態依然とした「象牙の塔」の機能不全があるものの、サブカル

＊26　倉橋耕平『歴史修正主義とサブカルチャー――90年代保守言説のメディア文化』青弓社

とともに80年代を席巻した「ポストモダン哲学」の影響も大きい。

日本では「新人類」などと呼ばれたポストモダンの思想家は、「真理などというものはなく、ただ無限の差異があるだけ」と論じ、ヨーロッパ中心主義を批判して「すべての文化は対等だ」と説いた。「ポスト・トゥルース post truth」は〝脱真実〟のことだが、それは40年ちかく前に彼らが熱く語っていたことだ。

ポストモダンは一般には左翼の思想とされるが、じつは右翼・保守派とも相性がいい。真理や真実がどこにもないのなら、歴史とはそれぞれの民族が創造する「物語（フィクション）」で、唯一の正しい歴史を振りかざしてそれを否定するのは知的ファシズム以外のなにものでもない。すべての文化が相対的なものならば、マイノリティの文化が尊重されるのと同様に、〝抑圧されたマジョリティ〟の文化も尊重されるべきだ。権力によって「真実」とされてきた歴史の細部を読み替え、再編集してオルタナティブな（もうひとつの）歴史をつくる歴史修正主義は、ポストモダンの代表的な思想家ジャック・デリダのいう「ディコンストラクション（脱構築）」の一形態だろう。

書店に溢れる嫌韓・反中本や朝日批判の書籍・雑誌を見ればわかるように、右派論壇が影響力を強めたもうひとつの理由は広範な読者マーケットを開拓したことだ。これは歴史問題や政治論争を「エンタメ化」したということでもある。

だがこれを、「低劣な商業主義」と切って捨てることはできない。売れるのは読者が求めているからで、右派論壇は自分たちの独善的な思想を読者に押しつけるのではなく、サブカルの手法で読者を巻き込みつつ「新しい歴史」をつくっていった。これを知の権力に対する民衆知識人の反乱、あるいは言論空間の「民主化」によって生まれた「集合知」と見なすこともできるだろう。

もちろんこの集合知を、歴史の改ざんだとして専門家の立場から批判することは可能だし、必要なことだろう。だがすべての権威が失墜した相対主義の時代では、そうしたアカデミズムからの批判も「意見のひとつ」として処理され、「愛国」と「反日」（あるいは「親安倍」と「反安倍」）の党派対立に解消されていく。そして最終的には、売れるものだけがマーケットに残るのだ。

これがいまの言論空間で起きていることで、日本だけでなくアメリカやヨーロッパでも在野の思想的リーダーが台頭している。しかし、それでもまだ疑問は残る。

右派論壇が「在日特権」なるものを扱うことはないし、在日外国人への関心もほとんどない。だとしたら、ネトウヨの特徴である「在日」への憎悪はどこから生まれたのか。

右派論壇の「愛国原理主義」

「在日特権」を広めたのは山野車輪氏の『マンガ嫌韓流』（晋遊舎）とされており、第1巻は2005年に刊行され、全4巻合計で100万部ちかく売れたという。その第2巻には「在日特権」なる章があり、これによって認知度は大きくあがった。2000年代はじめにはすでにネットのサブカルチャーで「在日特権」が論じられており、山野氏は2ちゃんねるの掲示板などから着想を得たようだ。在特会の桜井誠元会長が自身のサイトを開設したのは2003年9月で、このあたりから「嫌韓」言説の体系化が始まっている。*27

わざわざ検証する必要もないだろうが、韓国や中国、朝日や旧民主党を批判するネトウヨの論理は右派論壇とまったく同じだ。在特会は、右派の思想的リーダーの日本人アイデンティティ主義をネットに流通する「陰謀史観＝在日特権」と組み合わせ、会員たちの怒りを「在日」へと誘導していった。その活動は主流派メディアからは相手にされないが、だからこそコストのかからないネットでのパブリシティに習熟していく。街宣活動（ヘイトデモ）が過激化するのは「炎上商法」と同じで、インパクトの強い（アクセスの多い）動画を流すことがもっとも効果的な宣伝だとわかっているからだろう。

在特会のこうした戦略は、原理主義的宗教カルトであるＩＳ（イスラム国）とよく似ている。

「カリフ制国家」の樹立を宣言したＩＳは、カリフによる統治こそがイスラームの正統であり、民主政はもちろん王族による支配もムハンマドは認めていないと主張した。クルアーンを字句どおりに解釈し、初期イスラームの時代（サラフ）への回帰を説くサラフィー主義によれば、この主張は「原理的」には正しい。

ＩＳは「イスラーム論壇」の原理主義をネット上に溢れるアンチ・グローバリズムやアメリカ批判のさまざまな「陰謀論」と組み合わせ、独自のカルトをつくりあげた。そのうえで断首のような残酷な動画を投稿し、膨大なアクセスを集めることでヨーロッパや中近東から多くの戦闘員と、「宗教的に正しい結婚生活」を夢見る若い女性たちを勧誘したのだ。

原理主義的なイスラームを説くウラマー（イスラーム知識人）に共通するのは、栄光あるイスラームを蹂躙《じゅうりん》した西欧の植民地主義への怒りと、自分たちがイスラーム世界の周

＊27　前出『日本型排外主義』

縁に追いやられ、差別されていることへのルサンチマンだ。この憎悪が、ＩＳのプロパガンダと強く共振することはいうまでもない。

同様に、「愛国原理主義」を説く右派論壇にもリベラルへの強いルサンチマンが感じられる。それはおそらく、自分たちが「知」の主流派（エスタブリッシュメント）から排除されてきたという屈折から来るものなのだろう。

同様のルサンチマンは、金融緩和政策を強硬に主張し、エスタブリッシュメントである日銀を執拗に批判した〝リフレ派〟と呼ばれる一群の経済学者やエコノミストにも見ることができる。しかしこれも日本に特有の現象ではなく、アメリカの一流大学は「リベラルの牙城」で、そこに加わることができない右派の「思想的リーダー」からはげしい憎悪を向けられている。

ＩＳが「イスラーム論壇」の原理主義を借用して自分たちを「正しいイスラーム」だと強弁するように、自力で嫌韓・反中やリベラル批判のロジックを組み立てられないネトウヨは、右派論壇の原理主義を借用して自分たちの「正しい愛国」を主張する。右派論壇のリベラルに対するルサンチマンは、ヘイト団体の「日本人が貶められている」というルサンチマンと強く共振している。

もちろん大多数のウラマーはＩＳを批判しており、ほとんどの右派知識人はネトウヨを毛嫌いしているだろう。日本の右翼は「在特会は〝愛国〟となんの関係もない」というが、これはイスラーム知識人が「ＩＳはイスラームとはなんの関係もない」と繰り返すのと同じだ。

だがその一方で、ＩＳがクルアーンの原理主義的解釈をさかんに引用するように、右派論壇の「愛国」的な言説がネトウヨに繰り返し転用されている。原理主義的なイスラーム（サラフィー主義）がＩＳを生んだのだとすれば、ネトウヨは右派論壇の「愛国原理主義」が生んだ鬼子だ。

だとしたら右派論壇は、自分たちとはなんの関係もないとして、「愛国の病理」を無視し黙殺することが許されるだろうか。これはまさに、ＩＳのテロでイスラーム知識人が突きつけられた問いでもあった。

ＩＳを敢然と批判したイスラーム知識人もいたが、彼らは「死刑宣告」を下され生命の危機にさらされた。その一方で、ＩＳを利用して名声を手にしたウラマーもいた。そして、大半は沈黙した。

欧米では一部のウラマーが、サラフィー主義（原理主義）こそが正しいクルアーンの解釈だと説いて、イスラーム・アイデンティティ主義の若者たちの熱狂的な支持を集めた。だがその説教を聞いた者がのちにＩＳに参加しても、自ら勧誘していない以上「表現（信仰）の自由」なのだ。――テロが続発するようになって以降は、さすがに追放の対象になっている。

それと同じことが、商業主義の名のもとに日本でも行なわれている。「リベラル化」だけでなく「アイデンティティ化」でも、世界はひとつに収斂しているのだ。

愛国の哲学者

先の悲惨な戦争が終わったあと、日本を破滅に追いやったのは「軍国主義」であり、それは「愛国」と同義だとされた。こうして日本では、国旗（日の丸）や国歌（君が代）が忌避されることになった。

だが戦後70年を経て、もはや日の丸・君が代から「過去の戦争」を思い浮かべる世代は少数派になった。こうして、「オリンピックで金メダルを取ると国旗掲揚と国歌吹奏で称揚されるのに、なぜそれと同じことを公立学校でやってはならないのか」が問われることになった。

戦後の「朝日」的なリベラルはずっと、「愛国＝軍国主義」を批判してきた。その結果、「愛国」は右翼の独占物になり、リベラルは「愛国でないもの」すなわち「反日」のレッテルを貼られることになった。ここに「朝日ぎらい」の大きな理由があることは間違いない。

だがこれは、日本でしか見られないきわめて特異な現象だ。アメリカのリベラルなメディア（CNNやニューヨーク・タイムズ）はトランプから「フェイクニュース」とさんざん批判されているが、「反米」と罵られることはない。なぜならアメリカでは、保守派だけでなくリベラルも「愛国者」であることが当然の前提とされているからだ。

私がこのことに気づいたのは、アメリカの哲学者リチャード・ローティが『ニューヨーク・タイムズ』（1994年2月13日）に投稿した「非愛国的アカデミー "The Unpatriotic Academy"」という論説を知ったときだ。

ローティはここで、アメリカの大学（アカデミズム）には自己陶酔的でわけのわからないジャーゴンばかり使っている〝サヨク〟の知識人が跋扈《ばっこ》していて、彼らが「マルチカルチュラリズム（多文化主義）」とか「差異の政治」とかを言い立ててアメリカの連帯を破壊していると「告発」した。ローティの政治的な立場は多元主義（pluralism）で、さまざまな文化をもつコミュニティが連帯して（アメリカという）より大きなコミュニティを織り上げていくことだ。ところが文化多元主義のサヨクは人種や宗教・文化によってコミュニティを分断し、対立させている。

「すべての国と同様に、アメリカの歴史には誇るべきものも恥ずべきものもあった」とローティは書く。「しかし、（ひとびとが）自分の国に誇りをもたなければ、（アメリカ人というう）アイデンティティをもたなければ、そのアイデンティティを喜びとともに受け入れ、じっくりと噛みしめ、ともに歩んでいこうとしなければ、よりよい国をつくっていくことなどできるはずがない」

これを読んで、「『哲学と自然の鏡』のローティってこんなゴリゴリの保守派だったたの？」と驚くひともいるだろう。だったら、次の文章を読むと腰が抜けそうになるにちがいない。

「もしもイデオロギー的な純粋さを追求したり、（正義の）怒りをぶちまけたいという必要から、アカデミックなサヨクが『差異の政治』に固執するなら、そんなものは誰からも相手にされず、なんの役にも立たなくなるにちがいない。非愛国的なサヨクは、けっしてどんな（まともな）場所にもたどりつけない。国を誇りに思うことを拒絶するようなサヨクは、この国の政治になんの影響も与えられないばかりか、侮辱の対象になってお終いだろう」

日本ではポストモダンの哲学者と思われているローティは、リベラルな愛国者として、アメリカの大学を「支配」する非愛国的なサヨクに我慢ならなかったのだ。

右翼と「愛国リベラル」

日本では、「愛国主義」はナショナリズム（Nationalism）と同義で、パトリオティズム（Patriotism）は「愛郷主義」、パトリオット（Patriot）は「愛郷者」などと訳されてきた（ただしPatriot Lawは「愛国者法」）。ところがアメリカのアカデミズムでは、「国を愛する」意味でPatriotismが使われていて、Nationalismとは厳密に区別されている。そもそもローティの逆鱗に触れたのは、「アメリカの遺産を学ぼう」プロジェクトを社会学者のリチャード・セネットが「紳士面したナショナリズム」と揶揄したことなのだ。

このことからわかるように、パトリオティズムの「愛国」にはポジティブな、ナショナリズムの「愛国」にはネガティブな含意がある。しかしこれは当たり前で、アメリカが第二次世界大戦を「愛国者の戦争」として戦ったのは、ドイツや日本の「偏狭なナショナリズム（ファシズム）」からリベラルデモクラシーを守るためなのだ。

それに対して日本では、「愛国主義＝ナショナリズム」は「軍国主義」と同義で、日本を悲惨な戦争に引きずり込んだ元凶とされてきた。その結果、日本のリベラルは「愛国」を名乗れなくなったのだが、アメリカのリベラルがこれを知ったら仰天するだろう。彼らは自分を「愛国者（パトリオット）」だと信じて疑わないのだから。

この理解がグローバルスタンダードなのは、そもそも国を愛していない者には国について論じる理由がないからだ。「愛国」を否定する者は、「好きでもない国のことにいちいち口出しするな」という〝愛国者〟からの批判にこたえることができない。ローティの〝Unpatriotic（非愛国的）〟に皆が驚愕したのは、これが「議論に参加する資格のない奴ら」という（知識人としては）最大級の批判だからだろう。ローティの投稿をきっかけにアメリカでは知識人たちの「愛国主義論争」が起きたが、「非愛国的」であることを擁護した者は一人もおらず、全員が「愛国者」としてありうべき「愛国」を論じた。[*28]

このように考えると、日本の「リベラル」の苦境がわかる。「戦後民主主義」は「愛国」を拒絶してきたために、「愛国リベラル（Patriotic Liberal）」という世界では当たり前の政治的立場を失ってしまった。そのあげく、ネトウヨから「売国奴は黙れ」という攻撃を受けることになるのだが、これに反論するには、「自分たちは愛国者（パトリオット）であり、日本という国を愛しているからこそ（政治や権力を）批判するのだ」と主張しなければならない。このロジックを組み立てることに失敗したのが、日本における「リベラルの衰退」につながっているのだろう。

「加害」と「被害」の非対称性

ヒトは長い進化の過程のなかで、競争しつつも協力するよう「設計」されてきた。なぜ協力しなければならないかというと、群れから追放されれば生きていくことができないからだ。仲間外れのリスクを避けるために、狡猾な進化は、集団と自己を一体化させる仕組みを脳に埋め込んだ。これが、「社会的な私」の核としてのアイデンティティだ。

集団への強い帰属意識をもつと、ひとは集団への攻撃を自分個人への攻撃だと感じるようになる。やっかいなのは、ここに「加害」と「被害」の著しい非対称性があることだ。

従軍慰安婦問題や南京事件について、韓国や中国は過去の日本の行為を批判しているの

＊28　マーサ・C・ヌスバウム他『国を愛するということ―愛国主義の限界をめぐる論争』人文書院

だと考えるが、日本人はそれによって強い痛みを感じる。そして、自分がこれほどの痛みに耐えているのに、なぜ彼らは批判を止めないのかと憤慨する。

その一方で、ほとんどの日本人は韓国の植民地化や日本軍の中国侵略を過去の出来事だと考えているが、韓国人や中国人は現代史を学ぶときに強い痛みを感じる。そして、自分たちがこれほどの痛みに耐えているのに、なぜ日本人はそのことに気づいて誠意ある謝罪をしないのかと憤る。

しかしこれは、どれほど理屈で説明しても理解させることはできない。ヒトは、自分に加えられた痛みを過剰に重視し、他人に与えた痛みを過剰に軽視するよう、同じ進化の過程でプログラムされているからだ。

在特会の街宣活動では、参加者は（韓国・朝鮮人の多く住む）東京・新大久保や大阪・鶴橋で嬉々として「朝鮮人を殺せ」と連呼し、それがどれほど罪のない住民を傷つけているかをまったく意に介さないが、「カウンター」と呼ばれる市民団体から罵声を浴びると激高し、「人権を侵害された」と訴える。ここに、「加害」と「被害」の気の遠くなるような落差が象徴されている。

さらにやっかいなのは、アイデンティティは強力な感情で、大衆の動員にものすごく有効なことだ。アメリカでは人種問題、ヨーロッパでは移民問題によって主流派白人のアイデンティティが揺らいでおり、ドナルド・トランプはこれを利用して大統領の座を射止め、マリーヌ・ルペンはフランス大統領選の決選投票に進んだ（ハンガリーやポーランド、オーストリアでは政権を獲得した）。

ポピュリズムにはなんらかの「主義（イズム）」があるわけではなく、有権者の不安を煽り怒りを掻き立て、集団への帰属意識（アイデンティティ）を確認するために投票所に足を運ばせる政治手法だ。かつてはそれが「虐げられた労働者の怒り」だったが、いまでは「アイデンティティを傷つけられた怒り」に代わった。そう考えれば、日本でも世界でもネトウヨ的な手法で票を集めようとする政治家が跋扈することに不思議はない。

ケガでも病気でも、痛みを放置しておけば死んでしまうのだから、すべての生き物は本能的になんとかして痛みを止めようとする。これは心理的な痛みも同じで、アイデンティティを傷つけられると、ひとは実際に痛みを感じる。嫌韓・反中本が多くの読者を獲得するのは、それを読むと痛みがやわらぐのだ（たぶん）。

「朝日ぎらい」の出版物が書店の一ジャンルを形成しているのも、「朝日」の存在によってアイデンティティを傷つけられるひとが（かなりたくさん）いるからだろう。これは

「朝日」が「反日」の同義語とされているからだが、そこには「リベラルぎらい」という別の要因もありそうだ。

日本の右翼・保守派、あるいはネトウヨがリベラルを憎悪するのは、エリート臭が気に入らないということもあるだろうが、自分たちが「リベラルに抑圧されている」と感じているからでもある。慰安婦問題が典型だが、どれだけ国内でリベラルを叩いても、国連や米下院、EU議会では「女性の人権の侵害」として一方的に批判されるばかりだからだ。——これもまた世界的な現象であることは「リバタニアとドメスティックス」として次章で検討することにしよう。

〝右傾化〟の正体

自由主義と共産主義のイデオロギー対立が消失した現代において、アイデンティティが大きな問題を引き起こすようになったことに気づいたのは経済学者のアマルティア・センだ。

インドのベンガル地方に生まれ、子どもの頃にインド独立にともなうヒンドゥー教徒とムスリムの暴動を体験したセンは、なぜ昨日まで仲良くつき合っていた隣人たちがこれほどまでに残酷になれるのかをずっと考えつづけた。それればかりか独立後のインドは、ヒンドゥーのなかですらさまざまな「階級（カースト）」に分かれてお互いのアイデンティティをぶつけあうようになった。

センは自身の考察をまとめた『アイデンティティと暴力―運命は幻想である』（勁草書房）で、世界における多くの紛争や残虐行為は、「選択の余地のない唯一のアイデンティティ」という幻想から生まれると述べている。

アメリカでは「グローバル資本主義を牛耳る知的エリート」に対抗する「ホワイト・ワーキングクラス」のアイデンティティが台頭し、ヨーロッパでは「原理主義的イスラーム」に対してギリシア・ローマ文明とキリスト教を掲げる（あるいはリベラルな市民社会を称揚する）「ヨーロッパ系白人」のアイデンティティがはげしく対立している。東アジアにおいても「日本人」「中国人」「韓国人」のナショナル・アイデンティティが衝突を繰り返している。

だが、たんにアイデンティティを否定すれば問題が解決するわけではない。共同体主義者（コミュニタリアン）が強く主張するように、愛情や友情など真に「善きもの」は共同体（親密な社会的関係性）からしかもたらされないからだ。

センは「キリスト教」対「イスラーム」、「西洋」対「反西洋」などさまざまなアイデンティティを検証し、それらがすべて幻想（社会的構築物）であることを示す。そのうえで、「単一帰属」というアイデンティティの暴力から逃れるために、複数のアイデンティティを受け入れることの重要性を説く。

グローバル企業で働き、韓国人や中国人の同僚と日常的に接していたり、韓国企業・中国企業と取引しているひとは、嫌韓・反中の言動に接したときに、韓国人・中国人の友人のことを思い出して偏狭なナショナリズムに嫌悪感を抱くだろう。これは彼／彼女が、「日本人」とは別に「（グローバルな）ビジネスパーソン」としてのアイデンティティをもっているからだ。

この議論はきわめて説得力があるが、それでも次のような単純な疑問が浮かぶ。はたして誰もが複数のアイデンティティをもつことができるだろうか。

多様なアイデンティティの象徴は、もちろんセン自身だ。「インド国民」「ベンガル人」「アメリカ（もしくはイギリス）居住者」「経済学者」「サンスクリット研究者」「ハーバード大学教授」「ノーベル経済学賞受賞者」などセンにはさまざまなアイデンティティがある。それ以外にも、「フェミニストでもあり、異性愛者だが同性愛者の権利は擁護しており、非宗教的な生活を送っているがヒンドゥーの家系出身で、バラモンではなく、来世は信じていない」と述べている。だからこそセンは、「単一アイデンティティ」を客観的な視点から批判できるのだ。

だがいうまでもなく、センの多様なアイデンティティの多くは、努力と才能によって獲得されたものだ。

知識社会とは、その定義上、高い知能をもつ者が有利になる社会のことだ。知識社会化が進むほど要求される知能のハードルは上がっていく。

現代社会が抱える問題とは、先進国でも新興国でも、知識社会から脱落し、仕事や恋愛での自己実現に失敗し、「たったひとつのアイデンティティしかもてなくなったひと」がますます増えていることだ。彼らのアイデンティティはきわめて脆弱なので、それを侵す（と感じられる）他者に激烈な反応を示す。

「アイデンティティという病」から生まれるグロテスクな「愛」と「正義」こそが、〝右傾化〟と呼ばれるものの正体なのだ。

PART3　リバタニアとドメスティックス

5　グローバルスタンダードの「リベラル」

世界的にリベラル化が進むなかで、「戦後民主主義」の価値観を〝保守〟しようとする〝ガラパゴス化〟した日本のリベラルはネオリベ（新自由主義）から守旧派と批判され、その一方で「日本人アイデンティティ主義者」からは、「反日」のレッテルを貼られてバッシングされる。「朝日ぎらい」は、リベラル化とアイデンティティ化という現代社会の2つの大きな潮流から説明できる。

これほどまでに「朝日ぎらい（リベラルぎらい）」が蔓延していれば、安倍政権がつづくかどうかは別として、今後もとうぶんのあいだ「リベラル」政党が選挙で過半数を獲得する見込みは立ちそうにない。

保守が常にリベラルより優位なら、日本社会の「右傾化」はますます進むのではないか。この問いに答えるためには、先に政治思想の対立を整理しておく必要がある。

「己の欲せざるところ、他に施すことなかれ」

ここまでは煩雑な説明を省いてきたが、ここからは「リベラル」を以下の3つで定義しよう。

① 道徳の黄金律（己の欲せざるところ、他に施すことなかれ）
② 普遍性（ダブルスタンダードの禁止）
③ 進歩主義（理想社会を目指す運動）

道徳の黄金律はイエスの「人にしてもらいたいと思うことは何でも、あなたがたも人にしなさい」（『マタイによる福音書』）で説明されることが多いが、こうした積極的道徳律（これをしなさい）よりも、「己の欲せざるところ、他に施すことなかれ」という孔子（『論語』）の消極的道徳律（これをしてはならない）の方がより普遍的なルールになりうる――「なにかをしろ」と義務を課されるより、「するな」という禁止の方が守りやすい。

「相手の身になって考えてみよう」というのは、小学生でも知っている道徳の基本だ。これをちょっと難しくいうと、「自分の主張が正しいのは、自分が相手の立場になっても、その主張が正しいと納得できる場合だけだ」ということになる。

人種差別を肯定するひとは、自分が外国に行ったときに、「お前は黄色人種だからあっちの汚いトイレを使え」といわれて、「わかりました！　ひとを人種で差別するなんて、なんて素晴らしい社会なんでしょう」と素直に納得できなければならない。こんな奇特なひとはめったにいないだろうから、人種差別が正義に反することが普遍的なルールとして要請されるのだ。

道徳の黄金律に反論するには、なんらかの理由で自分（たち）が他者より優れていると立証しなければならない。過去には「神に選ばれた民族」とか「人種の優越（人類はサルから黒人、黄色人種、白人へと進化した）」とかが大真面目に唱えられたが、いまではこんなことを公に口にすれば社会的に抹殺されてしまうだろう。

人類の長い歴史のなかで、制度としての人種差別は南アフリカのアパルトヘイト廃止（1994年）で終わった。それまで南アの白人政府は、「人種隔離政策は治安を維持するためのもので、黒人を劣等人種として差別しているわけではない」と言い訳して、なんとか「リベラル」の枠内で説明しようと苦心惨憺《さんたん》してきたが、「だったら自分たちが隔離されても文句をいわないのか」というシンプルな批判にこたえられなかった。

5年ほど前にケープタウンを訪れたとき、アフリカーンス（オランダ系白人）の子孫からアパルトヘイト末期の話を聞いたが、白人のあいだですら「こんな制度はもうごめんだ」という忌避感が広がっていたという。南アの白人はオリンピックをはじめとするあらゆる国際競技から締め出されたばかりか、欧米の空港でパスポートを見せると、露骨に不快感を示されるだけでなく「レイシスト」と面罵されることも珍しくなかったという。彼らのあいだでネルソン・マンデラが敬愛されているのは、この屈辱的な状況から平穏裏に解放してくれたからなのだ。

リベラル化した世界のなかで差別を容認する者は、アパルトヘイト時代の南アの白人と同じような侮蔑と拒絶を体験することになる。「己の欲せざるところ、他に施すことなかれ」という道徳の黄金律は、近代市民社会の聖杯になったのだ。

ダブルスタンダードの罠

リベラルが「天与の人権」を掲げることからわかるように、その根底には「普遍性」がある。これは、「すべてのひとにたいして同じルールが平等に適用されなければならない」ということだ。この原則に反すると「ダブルスタンダード」と見なされ、強い批判を浴びることになる。

「あらゆる暴力をなくすべきだ」という政治家が家では子どもに暴力をふるっていたり、「家族の絆ほど大切なものはない」といいながら妻を裏切って不倫していたらどうだろう。こうした言行不一致がダブルスタンダードで、古今東西あらゆる社会でもっとも不愉快で信用できない人間だと嫌悪される。

敵のダブルスタンダードを突くというのは、もっとも効果の高い論争手段だ。「私のことを女性差別主義者だと非難しましたが、あなたには奥さんのほかに愛人がいますよね」はい、終了。

このようにして、リベラル化した現代社会ではリベラルへの批判は、「リベラルのくせにリベラルではない」というダブルスタンダードへの攻撃になっていく。私はかつて、このことを沖縄戦の集団自決をめぐる裁判で検証したことがある。

作家大江健三郎氏と岩波書店を被告とする裁判で、沖縄守備隊の将校が住民に集団自決を命じたとする大江氏の『沖縄ノート』(岩波書店)の記述に対して「新しい歴史教科書をつくる会」などの保守派は、「大東亜戦争は聖戦だったのだから、沖縄県民が陛下の臣民として自決するのは当然だ」などとはいわなかった。彼らは「『沖縄ノート』の記述には証拠がなく、取材もされておらず、無実の罪を着せられた元将校の人権を侵害している」と主張したのだ。

この話の詳細は「「リベラル」の失敗「沖縄『集団自決』裁判」とはなんだったのか」（『「リベラル」がうさんくさいのには理由がある』〈集英社〉所収）で書いており、ここでそれを繰り返すことはしないが、高裁判決は集団自決に「軍の関与」を認めたものの、事実関係は原告の主張を受け入れ「（将校が集団自決の軍命を下したという記述に）真実性の証明があるとはいえない」と認定した（最高裁で確定）。

この判決によって、いまでは沖縄戦において「将校の軍命で集団自決が起きた」と書くことはできなくなった。集団自決は個人（将校）ではなく「軍（軍国主義）」の責任なのだ。一般にこの判決は「リベラルの勝利」とされているが、右派はこれをもって「リベラルの嘘が暴かれた」と主張している。

いずれが正しいかは別として（興味があれば拙著をお読みいただきたい）、この裁判が興味深いのはリベラルが典型的な〝罠〟にはまっていることだ。

「日本人はオランダ人より背が低い」という主張は正しいだろうか。一人ひとりを見れば、日本人でも身長190センチの男性もいれば、オランダ人でも身長170センチに満たない男性もいるだろう。だが「私は背の高い日本人（背の低いオランダ人）を知っている」

として、この主張を否定することはできない。日本人男性の平均身長は１７１センチで、（世界一背が高い）オランダ人男性の平均身長は１８４センチだからだ。

それに対して「ハクチョウ（スワン）は白い鳥だ」という主張は、平均について述べたものではないから、どこかに黒いハクチョウがいれば否定されてしまう。１６９７年にオーストラリアでコクチョウ（ブラックスワン）が発見されたことで、スワン＝白い鳥という定義はあっけなく葬り去られた。「自分は無謬《むびゅう》だ」というのもこれと同じで、どれほど堅牢な論理を構築したとしても、たった一羽のブラックスワンによって一瞬のうちに崩壊してしまう。

リベラルがおうおうにして無謬性に固執するのは人権などの「普遍的な理念」を奉じているからで、過ちを認めることが普遍性の放棄、すなわちリベラリズムの否定だと思うからだろう。集団自決の軍命をめぐる争いでは、保守派の主張を認めることが「軍国主義」に屈することだとされたため、その態度はますます頑なものになっていった。

だがこれによって、保守派の攻撃はきわめて容易になる。

沖縄の集団自決裁判では、原告が提起した争点は「軍の関与」があったかどうかではなく、将校が住民に直接軍命を下したかどうかだった。そして判決で認定されたように、軍命の証拠・証言は存在しない。保守派にこのことを執拗に追及されたことで、リベラル派は窮地に追い込まれていった。

無謬性を前提とするリベラルが「ブラックスワン問題」を抱えるのに対して、保守派は（リベラルを批判するときには事実関係に異常にこだわるものの）自分たちの「正しさ」はあまり気にしない。これは彼らが真実ではなく「物語」をつくっているからで、大事なのは全体として説得力（あるいは商業的魅力）で細部はどうでもいいと思っているからだろう。

専門家が保守派の歴史観を批判しても、ほとんどダメージを与えることができない理由がここにある。これはリベラルに対する保守派の大きなアドバンテージだが、しかしその一方で、学問の土俵で議論に値しないとして主流派の歴史学（アカデミズム）から排除される理由にもなる。それが自尊心の否定と感じられ、右派の思想的リーダーに特有のルサンチマンがつくられていくのだろう。

沖縄の集団自決裁判でリベラルがはまったもうひとつの〝罠〟がダブルスタンダードだ。終戦直後はともかくとして、現在の「リベラル」の基準では、確たる証拠・証言もなしに「数百人を死に追いやった」と個人を断罪することが許されないのは当然のことだ。集団自決の軍命を証明できないリベラルは、「（元将校の）人権を守れ」との保守派の批判に抗することができず立ち往生してしまう。

だがここでも、リベラルに対して保守派が圧倒的に有利だとはいえない。なぜなら、保守派は「人権」を盾にリベラルを批判しているからだ。この奇妙な逆説が示すのは、リベラル化した世界では保守派も右翼(極右)も、自らの正当性を主張するのに「リベラル」の論理に頼るほかないという事実だ。

ヘイトスピーチを禁じられた団体は、ふだんは「リベラル」を罵倒しているにもかかわらず「表現の自由」を掲げて抵抗し、自分たちの「人権」を守らないリベラルのダブルスタンダードを言い立てるのだ。

リベラルの「理想社会」

リベラルの3つめの定義は「進歩」だ。近代思想は、「産業革命」のテクノロジーとともに誕生した。それは「明日は今日よりずっとよくなる」という希望であり、「人類は理想社会の実現に向かって努力していくべきだ」という信念でもあった。

ところで、「理想社会」とはいったい何だろう。現代のリベラリズムはこれを、「すべてのひとが自分のもって生まれた可能性を最大限発揮できる社会」だとする。経済学者のアマルティア・センは、このことを「潜在能力（ケイパビリティ）」で説明している。

私たちは、電車やバスに乗ってどこでも好きな場所に行くことができる。だが足の悪いひとは、車椅子を使わなければならないので同じことができない。障がいがあるのだから仕方がないことだ……。

だがセンは、こうした理解は誤りだという。車椅子のひとにも、デパートで買い物したり、映画館でデートしたり、友だちと喫茶店でお茶したりする「潜在能力」があるはずだ。それが発揮できないのは、道路が段差ばかりで駅にエレベーターが設置されていないからだろう。だとすれば、バリアフリーの街づくりをすることで障がい者も「潜在能力」を発揮できるようになる。

ここから、「本人の意思では変えられない属性によって『潜在能力』を発揮できない社会は正義に反している」とのリベラルの主張が導かれる。

日本企業は出産した女性社員に「マミートラック」という〝ママ向け〟の仕事をあてがい、その結果、60歳時点では高卒男性の7割が課長以上になっているのに、大卒女性は2割強と半分にも満たない。このように男女で学歴と出世が逆転するのは、先進国ではもはや日本だけだ。[*29] 日本社会は女性が出産することを罰し、その「潜在能力」を発揮できなくさせている。

同じような差別は、外国人（移民）や同性愛者などLGBT（レズビアン、ゲイ、バイセクシャル、トランスジェンダー）にも当てはまる。人種、国籍、宗教、民族、身分、性別、年齢、性的志向、障がいの有無を問わず、すべてのひとがもって生まれた「潜在能力」をじゅうぶんに発揮できることがリベラルの理想社会だ。

ここまではほとんどのひとが同意するだろうが、注意しておかなければならないのは、こうした「理想社会」は必然的に自己責任を要請することだ。

社会的な男女格差を示すジェンダーギャップ指数で日本は世界最底辺の114位だが、それが北欧のように出産がハンディキャップにならず、これまでと同じように働きつづけられる社会になったとしよう。これは素晴らしいことだが、そうなると「子育て中だと会社に居場所がない」とか、「子どもを保育園に預けられない」などの理由でキャリアを断つことが正当化できなくなる。

社会的平等が実現した社会では、働かないのは個人の自由な選択なのだから、それによって貧困に陥っても社会が援助する必要はない。これがリベラルな北欧諸国の価値観で、失業中の給付はたしかに手厚いが、それは次の職に就くための準備期間だからで、肥満やアルコール依存症、ドラッグ中毒と同様ホームレスも自己責任とされている。――ただし、自らの意思でその境遇から抜け出そうとすれば援助が受けられる。*30 「世界でもっとも幸福な国」であるデンマークをはじめとして、オランダやスウェーデンなどで「極右」政党が急速に影響力を強めているのは、移民が生活保護に依存するばかりで社会への責任を果たしていないと見なされているからだ。

リベラルを懐疑する「保守」

ここまで「リベラル」の定義を述べてきたが、だったら「保守」はどうなるのかと思うひともいるだろう。じつはリベラル・デモクラシー(自由な市民による民主的な社会)のなかで、保守主義は独自の政治思想をもつわけではない。それは「平等な人権」などのリベラルの理想を受け入れつつ、普遍性や進歩主義に一定の留保をつける立場だからだ。

保守主義の代表とされるのが18世紀の政治家・思想家エドマンド・バークで、イギリス

*29 山口一男『働き方の男女不平等―理論と実証分析』日本経済新聞出版社
*30 鈴木優美『デンマークの光と影―福祉社会とネオリベラリズム』リベルタ出版

で差別されてきたカトリック（アイルランド人）の権利を擁護しアメリカ独立を容認する「自由の闘士」でありながら、フランス革命を強く批判したことで知られている。バークは、理想の社会を実現するためには伝統にのっとって一歩一歩進んでいくことが重要だと考えた。これまで培ったものを土台からすべて破壊してしまっては、逆に社会をだいなしにしてしまうのだ。

オーストリアの経済学者フリードリッヒ・ハイエクは、ソ連の社会主義計画経済を批判し、アメリカの経済学者ミルトン・フリードマンはケインズ主義の「大きな政府」に異を唱えた。彼らは、極端な進歩思想＝設計主義を懐疑する保守主義者だ。[*31]

その一方で、リベラルの「普遍性」を批判する政治思想もある。彼らも「平等な人権」の理念を受け入れるが、すべての社会に一律のルールや理想を押しつけることに反対する。奴隷制や植民地主義、人種差別が認められないのは当然だが、それと同時に社会（共同体）ごとの独自の文化や慣習も尊重されるべきだ。こうした保守主義は、近年は共同体主義（コミュニタリアニズム）と呼ばれるようになった。

共同体主義がわかりにくいのは、リベラリズムの「のっぺりとした普遍主義」や「個人主義＝利己主義」への嫌悪を共有するとしても、論者の主張に大きな幅があることだ。

尊重すべき共同体を「国家」とするひとは、国の歴史や文化に強くこだわる。私たちがイメージする「保守派」はこのタイプだが、その一方で、国家ではなく地域社会を自分が所属する共同体と考えるひとたちもいる。スペインからの独立を宣言したカタルーニャや、イギリスからの独立を住民投票にかけたスコットランドなど、世界には国家と共同体が異なっている地域がいくらでもある。——日本では沖縄（琉球）が該当するだろう。この場合、共同体主義は国家主義と対立することになる。

さらにやっかいなのは、共同体の文化を尊重する立場のなかでも、多元主義（プルーラリズム）と多文化主義（マルチ・カルチュラリズム）が対立することだ。

ラディカルな多文化主義者は、すべての少数派（マイノリティ）の文化に多数派と同じ権利が与えられるべきだと主張する。それに対して多元主義者は、マイノリティの文化を尊重する寛容さと同時に、主流派を含むすべての共同体が「国」のようなより大きな物語に統合されないと、共同体同士が敵対し社会は分裂してしまうと危惧する。——哲学者ローティの〝サヨク批判〟を想起されたい。

＊31　宇野重規『保守主義とは何か―反フランス革命から現代日本まで』中公新書

このように細かく分類していくと切りがないので、移民などマイノリティに不寛容な立場を「コミュニタリアン右派（国家主義）」、寛容な多元主義を掲げる立場を「コミュニタリアン左派」としよう。「白熱教室」で知られる政治哲学者マイケル・サンデルは「リベラルな共同体主義者」の代表的な論客だ。

無知のヴェールと「格差原理」

政治思想は「正義」をめぐる争いだが、これはルールを決める闘いでもある。

テーブルの上のパイを2人で分けるときに、同じ大きさに2つに切り分けるというルールもあれば、家族の多いほうがよぶんに受け取るというルールもあるだろうから、2人があらかじめルールについて合意していなければ腕力で決着をつけるほかなくなる。同様にみんなが納得できるルールがないと、いずれは内乱や戦争、殺し合いが起きることになる。

しかし、利害関係の異なるたくさんのひとが暮らす現代社会で、普遍的なルールを決めることなどできるのだろうか。この難題に挑戦したのがアメリカの政治哲学者ジョン・ロールズで、1971年に刊行された『正義論』（紀伊國屋書店）において、「無知のヴェール」という卓抜な思考実験を使ってリベラルの原理を導き出した。

ロールズの有名な「格差原理」はきわめて簡潔だ。

社会的・経済的な不平等が許容できるのは、もっとも不遇な立場のひとの利益が最大化されているときだけだ[*32]

どのような分配ルールが正義にかなうかを決めるときに、ひとびとはいったんすべての先入観を捨て、まったく無知の状態で（無知のヴェールをかぶって）判断しなければならないとロールズは主張した。だがこれは、それほど難しい話ではない。

細かな約束事を決めずに3人で（べつに何人でもいいのだが）ポーカーをする場面を想像してみよう。5枚のカードを配り終えたあとにルールを決めようとすると、手の内にジョーカーのあるプレイヤーはそれを最強カードだと主張するだろうし、その様子から相手がジョーカーをもっているとわかれば、他の2人はなんの価値もないカードだと言い張るだ

*32 実際にはこれとは別に「機会均等原理」があるが、これは「同じ条件の下で生じた不平等は許容される」というもので「格差原理」に包含されると考えていい。

ろう。これが先入観にとらわれた状態で、いったん自分の手を知れば公正な判断ができなくなってしまうのだ。

このような混乱を避けるには、ルールはカードが配られる前に、すなわち自分の手について無知な状態で、プレイヤーのあいだで合意しておく必要がある。いわれてみれば、まったく当たり前の話だ。

同様に、社会のルールを決めるときも、〝いまの自分〟という先入観をもったままなら公正な判断をすることができない。そこで仮想的に、自分がどのような状態でこの世に生まれてくるのかわからない（大金持ちの子どもかもしれないし、重い障がいをもっているかもしれない）と考えて、みんなが合意できる「正義」の基準を決めればいい。

経済学では、ほとんどのひとはリスク回避的だとする（実験によってもこのことは確かめられている）。もしそうなら、無知のヴェールの下で、ひとは自分が不利な状態で生まれてくるリスクを想定して、その利益が最大になるようなルールを好むはずだとロールズは考えた。これがすなわち格差原理だ。

ロールズの『正義論』は、これまでの政治哲学の議論をすべて書き換えるような衝撃を与えた。こんな単純な理屈でソクラテス、プラトン以来の難問とされてきた「正義の基準」が決められるなんて、思ってもみなかったのだ。

しかしその影響力の大きさのために、ロールズは右と左から総攻撃を受けることになる。「リバタリアン（自由原理主義者）」は格差原理を自由（私的所有権）への侵害だと考え、「リベラル」は最小限の格差是正しか認めないのでは社会的・経済的不平等は拡大するだけだと批判した。「共同体主義者」には、（すべての共同体に課せられる）普遍的なルールという考え方自体が受け入れがたかった。

２００２年に死去するまで、ロールズは「正義」をめぐる論争に翻弄されつづけた。[*33]

チンパンジーにも「正義」はある

それではここで、代表的な４つの政治思想がどのような関係にあるのかを見てみよう。

なおこの話はほかのところでも何度か書いたが、[*34]これを説明しないと次に進めないので既読の方は読み飛ばしてほしい。そのあとで、「リバタニアとドメスティックス」という新

＊33　ロバート・ノージック『アナーキー・国家・ユートピア―国家の正当性とその限界』木鐸社、アダム・スウィフト、スティーヴン・ムルホール『リベラル・コミュニタリアン論争』勁草書房

＊34　『「読まなくてもいい本」の読書案内―知の最前線を5日間で探検する』筑摩書房

しい議論につなげていくつもりだ。

私たちが奴隷制に反対するのは、ひとはみな平等だと「感じる」からであり、自由を奪われるのは耐えられないと「感じる」からだ。「天（神）から与えられた人権」という〝神話〟は近代以降に文化的につくられたものだが（ギリシア・ローマ時代の奴隷は自らの境遇を嘆いても、それが不正だとは思わなかっただろう）、そこから生まれる感情はきわめて強力なので、現代人はもはや奴隷制やアパルトヘイトを思い描くことさえ嫌悪するようになった。

こうした「正義感覚」は、フランス革命で掲げられた「自由」「平等」「友愛」の三色旗に象徴されている。

「自由」とは「なにものにも束縛されないこと」だが、ジョン・ロックに始まる政治思想では私的所有権こそが自由の基盤だとされた。

誰もが自由に生きるためには、人種や性別、国籍や宗教のちがいによってひとを差別しない「平等」な社会をつくらなくてはならない。

さらに私たちは、家族や仲間（友だち）といった「共同体」をとても貴重なものと考えている。徹底的に社会的な動物であるヒトは、共同体（家族や恋人、友人との絆）からしか幸福を感じられないのだ。

興味深いのは、「自由」「平等」「共同体」というヒトの正義感覚を、チンパンジーも同じようにもっていることだ。

チンパンジーの社会は、アルファオス（かつては〝ボスザル〟と呼ばれたが、最近は〝第一順位のオス〟の意味でこの言葉が使われる）を頂点としたきびしい階級社会で、下っ端（下位のサル）はいつも周囲に気をつかい、グルーミング（毛づくろい）などをして上位のサルの歓心を得ようと必死だ。

そんなチンパンジーの群れで、順位の低いサルを選んでエサを投げ与えたとしよう。そこにアルファオスが通りかかったら、いったいなにが起きるだろうか。

アルファオスは地位が高く身体も大きいのだから、下っ端のエサを横取りしそうだ。だが意外なことに、アルファオスは下位のサルに向かって掌を上に差し出す。これは「物乞いのポーズ」で、〝ボス〟は自分よりはるかに格下のサルに分け前をねだるのだ。

このことは、チンパンジーの世界にも先取権があることを示している。序列にかかわらずエサは先に見つけたサルの〝所有物〟で、ボスですらその〝権利〟を侵害することは許されない。すなわち、チンパンジーの社会には（自由の基盤である）私的所有権がある。

2つめの実験では、真ん中をガラス窓で仕切った部屋に2頭のチンパンジーを入れ、それぞれにエサを与える。

このとき両者にキュウリを与えると、どちらも喜んで食べる。ところがそのうちの1頭のエサをブドウに変えると、これまでおいしそうにキュウリを食べていたもう1頭は、いきなり手にしていたキュウリを投げつけて怒り出す。

自分のエサを取り上げられたわけではないのだから、本来ならここで怒り出すのはヘンだ(イヌやネコなら気にもしないだろう)。ところがチンパンジーは、ガラスの向こうの相手が自分よりも優遇されていることが許せない。

これはチンパンジーの社会に平等の原理があることを示している。自分と相手はたまたまそこに居合わせただけだから、原理的に対等だ。自分だけが一方的に不当に扱われるのは平等の原則に反するので、チンパンジーはこの〝差別〟に抗議してキュウリを壁に投げつけて怒るのだ。

3つめの実験では、異なる群れから選んだ2頭のチンパンジーを四角いテーブルの両端に座らせ、どちらも手が届く真ん中にリンゴを置く。初対面の2頭はリンゴを奪い合い、先に手にした方が食べるが、同じことを何度も繰り返すうちにどちらか一方がリンゴに手を出さなくなる。

このことは、身体の大きさなどさまざまな要因でチンパンジーのあいだにごく自然に序列（階層）が生まれることを示している。いちど序列が決まると、〝目下の者〟は〝目上の者〟に従わなければならない。ヒトの社会と同じく、組織（共同体）の掟を乱す行動は許されないのだ。*35

このようにチンパンジーの世界にも、「自由」「平等」「共同体」の正義がある。相手がこの〝原理〟を蹂躙すると、チンパンジーは怒りに我を忘れて相手に殴りかかったり、群れの仲間に不正を訴えて正義を回復しようとするのだ。

4つの政治思想

リベラルはLiberty（自由）から生まれた言葉で、本来は宗教のくびきや封建的な社会制度からの自由を目指すことだった。だが自由（基本的人権）が実現するにつれて、福祉

*35　フランス・ドゥ・ヴァール『あなたのなかのサル―霊長類学者が明かす「人間らしさ」の起源』（早川書房）、同『共感の時代へ―動物行動学が教えてくれること』（紀伊國屋書店）、藤井直敬『つながる脳』（NTT出版）

や格差是正を求める「平等主義」に変質していく。これを批判して本来の「自由主義」に戻そうとするのが「リバタリアニズム（自由原理主義）」だ。

一方、共同体主義者は、リベラルもリバタリアンも社会を無味乾燥な「個人」に還元することでは同じ穴のムジナだと考える。ひとは誰もたった一人では生きていけない。家族への愛情、仲間との連帯、共同体への忠誠がなければ、どんな社会もたちまち崩壊してしまう。

自由主義、平等主義、共同体主義はいずれも「チンパンジーの正義」とつながっている。ところがその後、正義感覚をもたないにもかかわらず、きわめて影響力の大きな政治思想が登場した。それが功利主義だ。

ジェレミ・ベンサムによって唱えられた功利主義は、「最大多数の最大幸福」で知られている。政治思想は「正義」の本質をめぐる争いだが、ベンサムはこれを不毛な神学論争だと批判し、「なにがよい政治かは結果で判断すべきだ」と主張した。これが「帰結主義」で、みんながすこしでも幸福になればそれが「正義」なのだ。——経済学は功利主義の学問で、社会政策とは効用（幸福）を最大化するようにゲームのルールを最適化することだ。

このように考えると、主要な政治思想は以下の4つに分けられる。

①　自由を求める「自由主義」
②　平等を重視する「平等主義」
③　共同体を尊重する「共同体主義」
④　理性によって決定する「功利主義」

政治思想（主義＝イズム）の対立を理解するうえでの出発点は、「すべての理想を同時に実現することはできない」というトレードオフだ。誰もが、自由で平等で共同体の絆のある社会で暮らしたいと願うだろうが、これは机上の空論で原理的に実現不可能だ。

自由な市場で競争すれば富は一部の個人に集中し、必然的に格差が広がっていく。それを平等にしようとすれば、国家が徴税などの〝暴力〟によって市場に介入するしかない。自由を犠牲にしない平等（平等を犠牲にしない自由）はあり得ない。

リバタリアンとリベラルは「自由 Liberty」から生まれた二卵性双生児のようなものだから、経済的な不平等を容認するかどうかで激しく対立するとしても、「自由な市民が民

図3-1　正義をめぐる4つの立場

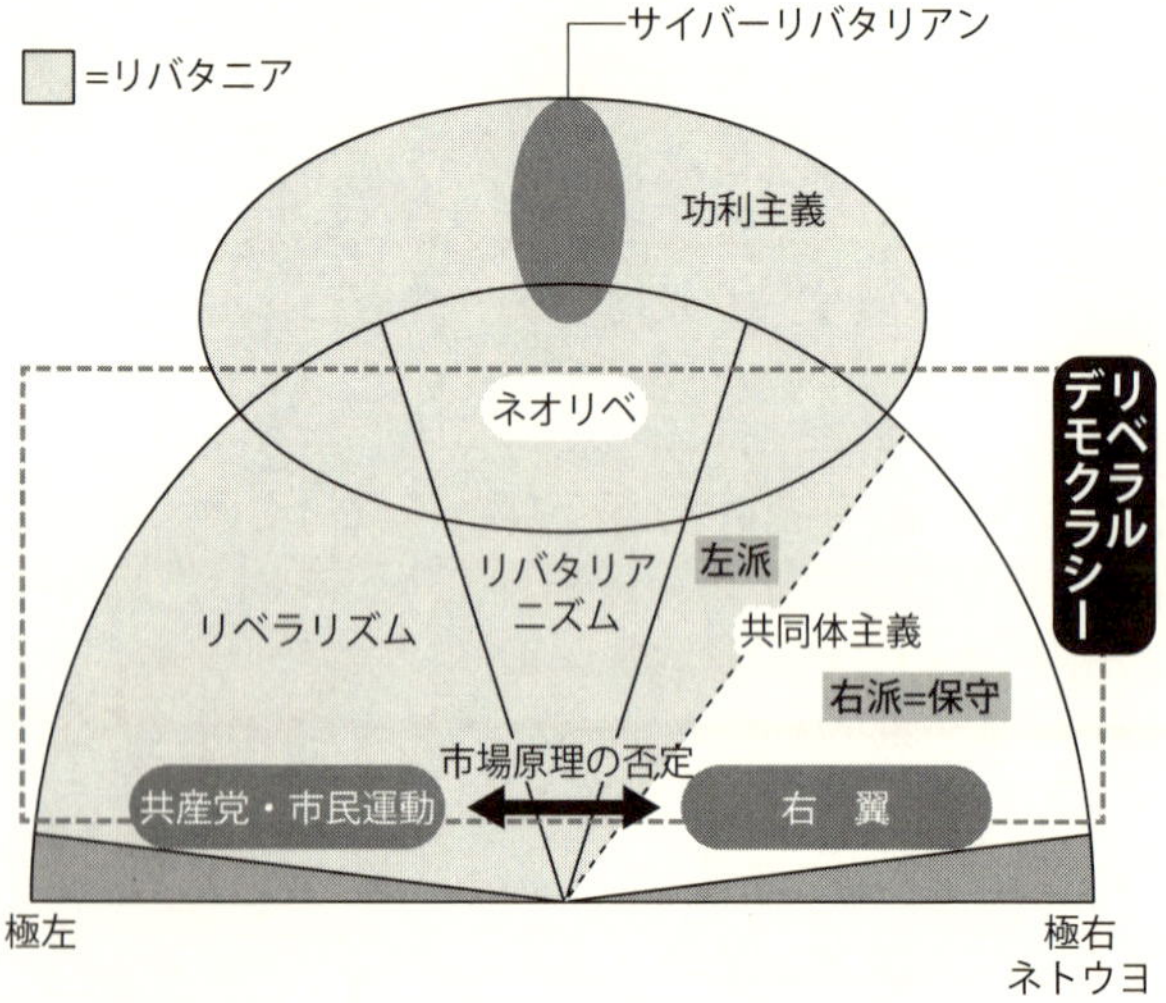

主的に国家を統治する」というリベラルデモクラシーの理想を共有している。そこではかんぜんな人権をもつ個人（市民）が社会の基本単位で、共同体（コミュニティ）は個人が自由な意思でつくる二次的なものにすぎない。だがこうした「個人主義＝利己主義」を、コミュニタリアン（共同体主義者）はぜったいに受け入れないだろう。

それに対して「功利主義」は、正義の感情的基盤とは関係なく合理性によって幸福を最大化できる制度を構築しようとするのだから、ある面では正義感覚と同調するとしても、多くの場合、ひとびとの感情を逆なですることになるだろう。この関係は図3－1のようになる。

下部の半円にある3つの「正義」はいずれもチンパンジーと共有している。すなわち、「進化論的な基礎づけ」がある。正義感覚によって直感的に正当化できるこの3つの正義は等価で、リバタリアニズムを中央に置いたのは便宜的なものにすぎない。

功利主義を半円から別にしたのは進化論的な基礎がないからだ。ただし、功利主義の考え方は私的所有権（市場経済）を重視するリバタリアニズムときわめて相性がいいので、その部分がもっとも厚くなっている。一方、極端な平等主義や共同体主義では功利主義（市場原理）は全否定される。

共同体主義のなかでもっとも功利主義から遠い「保守の最右翼」は、日本古来（とされる）伝統を重んじ、武士道など日本人の美徳を説く（そのさらに右には、〝鬼子〟としてのネトウヨがいる）。その一方で共産党や左派の市民運動は、大企業や富裕層への課税によって社会福祉を拡充し、すべての社会的弱者を国家が救済すべきだと主張する（そのさらに左には革命を目指す極左がいる）。

右翼と左翼は不俱《ふぐ》戴天《たいてん》の敵のような関係だと思われているが、最近は市民運動の集会に新右翼の団体が参加することが珍しくなくなった。しかしこれは不思議でもなんでもなく、図を見ればわかるように、市場原理(功利主義)を否定することで両者の思想は通底している。

リバタリアニズムと功利主義は国家の過度な規制に反対し、自由で効率的な市場が公正でゆたかな社会をつくると考える。両者の政治的立場はきわめて近いので、日本では包括して「新自由主義(ネオリベ)」と呼ばれているが、原発事故のような極限状況では主張が対立する。功利主義者は市場を守るために国家による東京電力の救済を容認するだろうが、リバタリアンは市場原理を貫徹して東京電力を破綻させ、株主や債権者がルールに則った責任をとることを求めるだろう。

なお、この図ではうまく表現できないが、国家を唯一の共同体とするコミュニタリアン右派が典型的な保守派だとするならば、マイノリティを含むさまざまな共同体を尊重することを求めるコミュニタリアン左派はリベラルと親和性が高い。

歴史的に「個人」よりも「世間」が重視されてきた日本では、「自己責任によって自由に生きる個人」を基礎とした欧米型のリベラリズムは浸透せず、「リベラル」と呼ばれるひとの多くはコミュニタリアン左派にあたる。立憲民主党の枝野幸男代表は「私はリベラルであり、保守であります」と述べたが、それもこうした文脈で理解できるだろう。

サイバーリバタリアン

日本ではDemocracyを「民主主義」とする誤訳がいっこうに改まらないが、これが問題なのは、自由主義、平等主義、共同体主義、功利主義という主義（イデオロギー）の対立が、リベラルデモクラシーという政治制度の枠組みのなかでたたかわされているという基本的な構図が見えなくなるからだ。こうして、「自由主義（ネオリベ）は民主主義の敵だ」といった訳のわからない議論が出てくることになる。

政治思想の最初の対立は、リベラルデモクラシーを認めるかどうかだ。ＩＳ（イスラム国）はもちろんのこと、北朝鮮やサウジアラビアなど、世界には民主政以外の方法で統治されている国がいくつもあり、そのなかで最大の存在が中国であることはいうまでもない。そのため欧米のリベラルは、中国の経済力が巨大になるにつれて、この異形の国家をどのように受け入れるか（受け入れないか）で混乱することになった。

すべての政治思想は、極端に過激化させるとリベラルデモクラシーの枠をはみだしてしまう。

日本古来の伝統の復活を求める共同体主義者の最右翼（復古主義）は、万世一系の天皇による統治こそが理想だと主張するかもしれない。一方、革命による社会改造を目指す平等主義者の最左派は、「指導政党」の独裁によって一時的に民主政を停止することもやむを得ないと考えるだろう。

リバタリアンは自由を至上のものとするが、これを突き詰めると、国家こそが個人の自由の最大の制約であるということになる。彼らは国家が勝手に貨幣を発行することに反対し、ビットコインのような国家から独立した通貨を強く支持する。国家の機能をすべて市場に置き換えようとするのが無政府資本主義（アナルコ・キャピタリズム）だ。

天皇親政（王政）、一党独裁、無政府資本主義と並べてみると、どれも実現可能性がないばかりか望ましいとも思わないだろうが、リベラルデモクラシーを否定するユートピア思想のなかで唯一、今後大きな影響力をもつと思われるものがある。それは、功利主義を過激化させたサイバーリバタリアンだ。――ここで「リバタリアン」を使うのは、功利主義と自由主義が大部分重なるからだ。

サイバーリバタリアンの本拠地はシリコンバレーで、ここでは世界じゅうから集まった天才たちが「世界を変える」テクノロジーを開発しようと鎬《しのぎ》を削っている。そこからAI（人工知能）やブロックチェーン、ゲノム編集（クリスパー）など、これからの時代や社会を大きく動かすだろうさまざまなイノベーションが生まれている。

ベンチャー起業家の多くはプログラマー出身で、世界をアルゴリズムで考える習性が身についている。そんな彼らのなかから、ポピュリズムに翻弄される非効率な民主政などやめてしまって、テクノロジーのちからを利用して社会を最適設計すればいいと考える者が現われるのはなんの不思議もない。そして技術的には、これはもはや荒唐無稽な話ではなくなっている。

「カリフォルニア・イデオロギー」とも呼ばれるこのきわめて刺激的な（そして危険な）政治思想は萌芽の段階で、まだ多くを語ることはできないが、本書の最後にもういちど触れることにしよう。

知性主義と反知性主義

最後に、ここまでの議論を踏まえて「リベラル」と「保守」の定義をまとめておこう。

狭義の「リベラル」は自由や共同体よりも平等を重視する「平等主義」で、結果平等を否定する者はすべて「保守」のレッテルを貼られることになる。この理解では、フランス革命を懐疑したエドマンド・バークだけでなく、社会主義を懐疑したフリードリッヒ・ハイエクも、大きな政府を懐疑したミルトン・フリードマンもすべて「保守主義」だ。

しかし現実には、功利主義的な経済学者を中心に、改革の提案のほとんどは「保守」の側からなされている。そこでここでは、「平等主義」だけでなく、「自由主義（リバタリアン）」や「功利主義」、それに「コミュニタリアン左派（寛容な共同体主義）」も含めて「広義のリベラル」としよう。そうなると保守は、ここに含まれない「コミュニタリアン右派」ということになる。

「広義のリベラル」は異なる政治思想（イデオロギー）を含むからときにはげしく対立するが、それでもひとつの際立った特徴を有している。それは彼らの多くが、アカデミズム（大学）を拠点とする知的エリートだということだ。そんな「知性主義者」の共同体を「リバタニア」と名づけよう。

それに対して保守派（コミュニタリアン右派）はアカデミズムでは少数派で（アメリカの大学にはほとんどいない）、著述家など市井の知識人であることが多い（ネットのブログで自説を開陳するようなひとたちだ）。彼らは自分たちがアカデミズムから排除されていると思っており、知的エリートに批判的な（強いルサンチマンを抱く）「反知性主義者」だ。——この言葉はしばしば「知的ではない」とか「知性を否定している」と解されるが、本来の意味はエリート主義批判で知性の有無は関係ない。[*36] 自分たちが属する共同体＝国家と深く一体化している彼らを「ドメスティックス」と名づけよう。

こうして「リバタニア（平等主義、自由主義、功利主義、コミュニタリアン左派）」と「ドメスティックス（コミュニタリアン右派）」が定義できた。そこで次に、両者の力関係がどうなっているのかを見てみよう。キーワードは「道徳の味覚」だ。

＊36　森本あんり『反知性主義─アメリカが生んだ「熱病」の正体』（新潮選書）

6 「保守」はなぜ「リベラル」に勝つのか?

次の2つのストーリーを読んでほしい。

「ある家族が飼っていた愛犬が、自宅の前で車にひかれて死んだ。『犬の肉はおいしい』と聞いていたこの家族は、死骸を切り刻んで料理し、こっそり食べてみた」

「ある男は、週に一度スーパーでチキンを買う。それを使って性行為に耽《ふけ》ったあと、料理して食べるのだ」

チキンで性行為をすることは許されるか

あなたが〝ふつう〟であれば、これを不道徳な行為として強い嫌悪感を覚えるはずだ。しかし、なぜ道徳的に許されないか訊かれると答えに窮すのではないだろうか。

犬はすでに車にひかれて死んでいるのだから、食べるために解体したとしても苦痛はない。食べたのは犬の飼い主、すなわち所有者だから、(近所の迷惑にならないようなかたちで)どのように処分しようが彼らの自由だ。

スーパーでお金を払って買ったチキンの所有権が男にあるのは明らかだ。そのチキンを（誰にも迷惑がかからない範囲で）どうしようが男の自由だ。

これは論理的に正しく、反論のしようがない。なぜなら、このストーリーはそのようにつくられているからだ。しかしここには、道徳的に明らかに間違ったところがある。すなわち、True（真）だけれどもWrong（誤り）なのだ。

アメリカの道徳心理学者ジョナサン・ハイトは、こうした奇妙なストーリーを考えては、大学生だけでなく、マクドナルドやスーパーにいるひとたちをつかまえて質問した（いきなりこんな話を読まされてびっくりしただろう）。ハイトが確認したかったのは、わたしたちが道徳に対して理屈では説明できない価値観をもっており、なにが正しいかを感情で（直観的に）判断しているということだ。*37

ところが世の中には、こうした「道徳《モラル》ジレンマ」に悩まないひとがいる。

ジェレミ・ベンサムとともに功利主義の生みの親とされるジョン・スチュアート・ミルは、『自由論』で次のように述べた。

＊37　ジョナサン・ハイト『社会はなぜ左と右にわかれるのか――対立を超えるための道徳心理学』紀伊國屋書店

人間が個人としてであれ、集団としてであれ、誰かの行動の自由に干渉するのが正当だといえるのは、自衛を目的とする場合だけである。文明社会で個人に対して力を行使するのが正当だといえるのはただひとつ、他人に危害が及ぶのを防ぐことを目的とする場合だけである。*38

これが功利主義の「危害原理」で、それによれば、交通事故で死んだ飼い犬を食べることも、調理前のチキンで性行為に耽ることも、誰の危害にもなっていないのだから〝道徳的に正当〟なのだ。

ハイトは、マクドナルドにいるような市井のひとたちのほとんどがこうした行為を不道徳と考えるのに対して、アメリカの有名大学の学生の多くが、苦笑しながらも「それはそのひとの自由でしょ」とこたえることに驚いた。

「危害原理」を道徳的基盤と考える功利主義者が「WEIRD（奇妙な）」だ。「欧米の（Western）」「啓蒙化され（educated）」「産業化され（industrialized）」「裕福で（rich）」「民主的な（democratic）」文化のもとで育った特殊な階層で、ハイトは「WEIRDであればあるほど、世界を関係の網の目ではなく、個々の物の集まりとして見るようになる」と述べる。社会心理学では、「集団主義」的な東洋に対して、西欧社会は「個人中心主義的、ルール志向的、普遍主義的な道徳システム」によって統治されているとされるが、こうした価値観が心理実験から抽出されるのは、研究者たちが集めた被験者の多くが有名大学で学ぶ（とりわけ心理学を専攻する）「WEIRD」だからだ。

6つの道徳基盤

「チキンで性行為をする男」のようなさまざまな独自の調査を行なったハイトは、すべての道徳が善悪二元論になっており、そこに進化論的な基盤があることを発見した。たとえば〈ケア／危害〉基盤では、子どもを守る（ケアする）ことが善で、子どもに危害を加えることが悪だ。なぜ進化の過程でこのような道徳が生まれたかは、自分の子どもを守らないような個体は子孫を残すことができなかったことから明らかだろう。

ハイトの道徳基盤理論はきわめて興味深いのだが、これについて詳説しようとすると1

＊38 ジョン・スチュアート・ミル『自由論』日経BP社

冊の本になってしまうので、ここではその概略にとどめよう（興味のある方は『社会はなぜ左と右にわかれるのか』を読んでほしい）。

ハイトは、ひとの道徳基盤を次の6つに分類した。

①〈ケア／危害〉子ども（家族）を保護しケアする。弱い者を守る
②〈公正／欺瞞〉協力する者に報い、不正を働く者を罰する
③〈忠誠／背信〉共同体の結束を強める。仲間意識。愛国心
④〈権威／転覆〉階層のなかで（上位や下位の者と）有益な関係を結ぶ。支配と服従
⑤〈神聖／堕落〉不浄なものを避け、精神や身体を清浄に保つ。宗教感情
⑥〈自由／抑圧〉自由と私的所有権を尊重する

これら6つの道徳基盤はどれも人間の本性から生じるが、その受け止め方は右派（保守派）と左派（リベラル）で大きく異なる。

〈ケア／危害〉の背景にあるのは「子どもを守る」という感情だから、（サイコパスでないかぎり）すべてのひとに共有されている。しかし共同体（コミュニティ）に大きな価値を

置く保守派は、これを「自分たちの子どもや家族を守る」と考える。それに対して共同体への忠誠心をあまりもたないリベラルは、「虐げられているすべての子どもを守る」と考えるのだ。

〈公正／欺瞞〉でも、保守派とリベラルは平等の考え方が両極端に分かれる。保守派が重視するのは「機会の平等」で、公正な競争の結果が不平等になるのは当然だとする。なぜなら、報酬は各人の貢献の度合いに応じて配分されるべきだからだ。それに対してリベラルは、機会の平等は当然として、社会の不平等（格差）が限度を超えて広がることも不正だと考える。そのような場合は「結果の平等」すなわち富める者から貧しい者への所得移転が正義にかなった政策になるだろう。

〈自由／抑圧〉では、抑圧への嫌悪（自由の称揚）は両者で共通するものの、リベラルが「独裁権力」を自由の抑圧の元凶と考えるのに対し、保守派は「勤労の倫理を踏みにじる奴ら」こそが自由の敵だとする。彼らはしばしば「自分でまいた種は自分で刈り取れ」「無責任な怠け者はその報いを受けるべきだ」と主張するが、これは自業自得（自己責任）の論理で、「俺が稼いだ金を働きもしない奴らが奪っていく」ことへの怒りなのだ。

それに対して〈忠誠／背信〉〈権威／転覆〉〈神聖／堕落〉の3つの道徳基盤は保守派

〈共同体主義者〉にあってリベラルにはないとハイトはいう。

〈忠誠／背信〉基盤は共同体にアイデンティティを同一化するためのものだ。これは、太平洋戦争で「天皇陛下バンザイ」と叫びながら米軍の艦船に突っ込んでいった特攻隊員の心情に象徴される。こうした道徳基盤が生まれた理由は、結束や紐帯《ちゅうたい》のない部族はたちまち他の部族に滅ぼされてしまったことから説明できる――これを血縁淘汰で説明するか、群淘汰＝マルチレベル淘汰で考えるかで専門家のあいだではげしい議論が交わされているが、ここではそこまでは立ち入らない。

〈権威／転覆〉基盤は、目上のものを敬い秩序を重んじる態度で、江戸時代の武士の価値観であり、儒教の説く道徳でもある。こうした道徳観を内面化したひとは権威秩序に従うが、それを専制君主と被支配者の関係ではなく親子関係に近いつながりだと感じている。

〈神聖／堕落〉基盤は神を人よりも上位に置く道徳観念で、イスラーム原理主義だけでなく、キリスト教原理主義やユダヤ原理主義など一神教の原理主義（ファンダメンタリズム）がその典型になるだろう。この感情がきわめて強力なのは、「汚いもの」「腐ったもの」「穢れたもの」に嫌悪をもたない個体は、感染症などで淘汰されてしまったからだ。

しかし同時に、インドのカースト制を例に挙げるまでもなく、この感情は差別を生み出す元凶にもなった。

共同体への忠誠、権威への追従、神への崇拝という道徳は、ゆたかな先進諸国の世俗的な社会で高い教育を受けたひとたち（典型的なリベラル）がバカにするものばかりだ。それに対して〈ケア／危害〉〈公正／欺瞞〉〈自由／抑圧〉の3つの道徳基盤はすべてのひとが共有するが、その解釈は保守とリベラルで大きく異なる。

こうしてハイトは、現代社会においてなぜ「保守」が「リベラル」を圧倒しているように見えるかをきわめてシンプルに説明する。

保守派の政治的主張は、「安全（ケア）」「公正」「自由」「共同体」「権威」「宗教」という6つの「道徳の味覚」をもっている。それに対してリベラルは、「共同体」「権威」「宗教」の3つの価値を軽視するため、「安全（ケア）」「公正」「自由」の3つしか「道徳の味覚」をもっていない。この両者が争えば、どちらのつくった料理に大衆（有権者）が魅力を感じるかは明らかだというのだ。

「保守派部族」と「リベラル部族」

道徳心理学者ジョナサン・ハイトは、ひとには「安全（ケア）」「公正」「共同体」「権威」「宗教」「自由」の6つの「道徳の味覚」があるとする。保守派はすべての味覚をもっているが、リベラルには3つの味覚しかない。

そのかわりリベラルは、「安全（ケア）」と「公正」の味覚を大きく拡張する。彼らにとっては、自分や家族・共同体の安全と同様に世界の虐げられたひとたちの安全も大切だし、それればかりか食肉用や実験用の動物にも権利があると考える。

またリベラルは、機会平等は当然のこととして、共産主義に賛同しないまでも結果平等をじゅうぶんに考慮することを要求する。奴隷制の負の遺産にいまも苦しめられている黒人へのアファーマティブ・アクション（積極的差別是正措置）や、貧しい国に生まれたというだけでゆたかさから排除されている移民への労働ビザ・市民権付与は当然のことなのだ。

それに対して自由主義者（リバタリアン）は、「自由」の価値を最大化する。彼らにとっては圧政や独裁からの自由と同じく「大衆の抑圧」からの自由も重要だ。リバタリアンは国境を越えた移動の自由を支持するから移民には寛容だろうが、「結果平等」などというものはぜったいに認めず、黒人だからというだけで進学や就職で優遇されるのは白人やアジア系の権利への侵害だと考える。——アメリカでは日系や中国系アメリカ人の平均所得・大学進学率は白人を上回っており、アファーマティブ・アクションで〝逆差別〟される側になっている。

一方、保守派（コミュニタリアン右派）は「共同体」「権威」「宗教」の価値（歴史や文化）を称揚する一方で、「安全（ケア）」「公正」を限定的に解釈する。彼らはリベラルとはまったく話が合わないだろうが、リバタリアンとは一部の主張が重なる。アメリカの保守主義にとって守るべき伝統とはアメリカ独立戦争の自主自尊の精神だから、「一人ひとりが自己責任で好きなように生きる自由」を求めることはリバタリアンと同じなのだ。

ハイトは、いまのアメリカで起きているのは「部族対立」だという。徹底的に社会的な動物である私たちは、政治思想のような抽象的な対立までも「俺たち」と「奴ら」に還元し、無意識のうちに「俺たち」を善、「奴ら」を悪とする部族主義で理解しようとする。私たちはみな道徳的部族（モラル・トライブズ）の一員で、いまアメリカで（多少状況は変わるもののヨーロッパや日本でも）起きているのは、「保守派部族」と「リベラル部族」との、善（正義）という聖杯をめぐる「部族抗争」なのだ。

アイデンティティとしての政治

村長選挙でもないかぎり、私たちの1票の価値はゼロに近い。経済合理的に考えれば、国政選挙のためにわざわざ投票所に行くのは費用対効果としてまったく割が合わない。だとすれば、ひとびとはいったいなんのために投票するのか。

これはずっと経済学の大きな謎で、ノーベル経済学賞を受賞したジェームズ・ブキャナンは、私的な選択と同様に公共的な選択（選挙）においても、有権者はさまざまな利権へのアクセスを期待して功利的に投票するのだと仮定した。[*39] この「公共選択論」はその後、政策決定などに大きな影響を及ぼしたが、都市化が進むにつれて選挙における有権者の行動をうまく説明できなくなった。投票所で「そんなことしてあなたにどんな経済的利益があるんですか?」と訊けば、ほぼ全員が絶句するだろう。

ハイトの道徳心理学は、この謎に明解にこたえることができる。私たちはみな「部族主義者」で、「俺たち」の正義を実現するよう進化のなかでプログラムされてきた。だとしたら、私たちがわざわざ投票所に行く理由はひとつしかない。それは、自分の「党派性」を確認するためだ。

現代社会において、政治的立場（極右、保守、リベラル、ネオリベ、極左）は民族や宗教と同様に重要なアイデンティティになっている。こうした傾向はアメリカでとくに顕著で、有権者はますます人種、地域、宗教などによって自分をある「党派」にカテゴライズするようになった。これが「保守＝共和党」「リベラル＝民主党」の二極化だが、日本でもSNSで「親安倍」と「反安倍」がえんえんと罵り合っているように、同様の「部族対立」が起きている。

いったん自分をある「党派」にカテゴライズすると、ひとはそれを容易なことでは変えようとしない。党派性はアイデンティティに直結し、政治的な見解はいまや社会的な帰属を示す「象徴（バッヂ）」なのだ。

ビヨンセはなぜアメリカ国歌を歌ったのか

ジョナサン・ハイトは、保守とリベラルが対立すると、より多くの道徳基盤（味覚）を共有している保守派が必然的に多数を占めるという。しかしこれが事実でも、リベラルは保守派を圧倒している。

このようにいうと、これまでの議論をすべて否定するのかと思われるだろう。だがこれは、とてもシンプルな話だ。

＊39　ジェームズ・M・ブキャナン、ゴードン・タロック『行きづまる民主主義』勁草書房

2013年1月、オバマ大統領の二期目の大統領就任式でビヨンセがアメリカ国歌を歌った。だが2017年1月のトランプ大統領の就任式では、得意のネゴシエーション力にもかかわらずすべての歌手が出演を断ったようだ。それ以前に、ザ・ローリング・ストーンズ、エアロスミス、アデルなどのミュージシャンがトランプの集会で自分たちの曲を使わないよう求めている。

なぜこのようなことになるのか。これはビヨンセが黒人だとか、政治的にリベラルだからということではない。彼女がアメリカだけでなく世界じゅうにファンをもつグローバルなスターだからだ。

ここで、保守派とリベラルの力関係を7対3としよう。——この数字にとくに根拠があるわけではないが、書店の店頭に並ぶ嫌韓・反中本と、安倍批判の本の割合を見ればだいたいこんなものだろう。そして、8対2でも6対4でも以下の議論は変わらない。

保守派が数でリベラルを圧倒しているのなら、どの選挙でも確実に勝つことができる。日本においては「安倍一強」と呼ばれる現象だ。

次に、これも大雑把にアメリカの人口を3億、ドイツ、イギリス、フランスなどヨーロッパ先進国の人口を3億、日本を1億としよう。そのうち7割が保守派、3割がリベラル

図3-2　ドメスティックスはリバタニアを圧倒している？

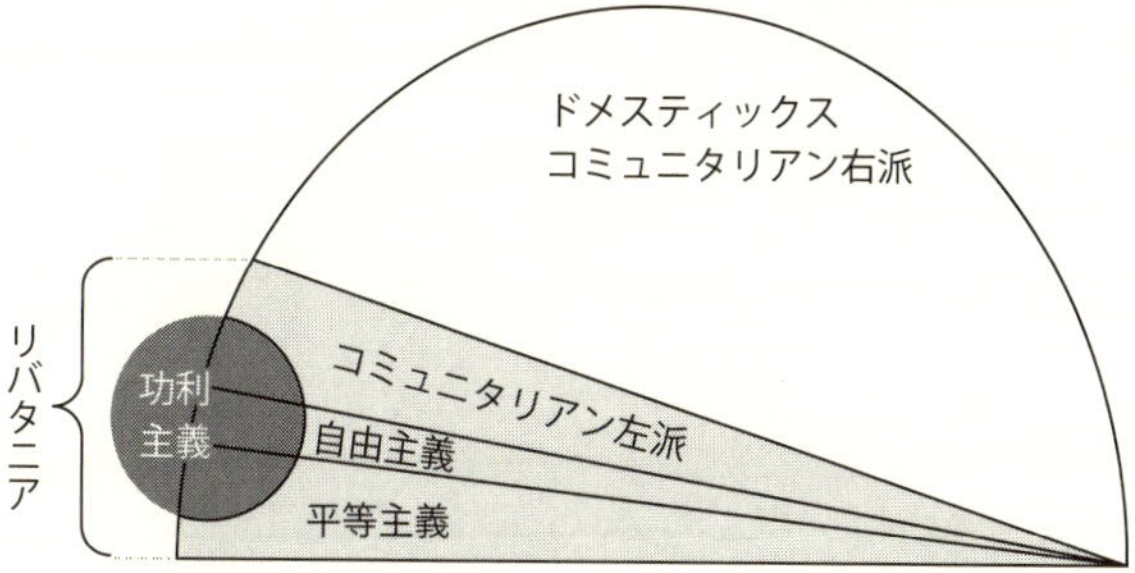

なのだから、その人口比はおおよそアメリカとヨーロッパが2億対1億、日本が7000万対3000万になる。

トランプを支持する保守派（コミュニタリアン右派）はアメリカに2億人いて、リベラルな1億人を圧倒している。そのうえリベラルは、「平等主義」「自由主義」「功利主義」「コミュニタリアン左派」という4つの「部族」に分断されている。これを「見える」化すると図3-2になるが、こちらの方が現実に近いだろう。自由主義がもっとも小さくなっているのは、アメリカにおいてすら自由主義者（リバタリアン）は弱小勢力だからだ。

――1988年の大統領選ではロン・ポールがリバタリアン党から、2016年の大統領選では息子のランド・ポールが共和党から立候補したものの、有力候補の一角に食い込むことはできなかった。

次に、「平等主義」「自由主義」「功利主義」「コミュニタリアン左派」を「リバタニア」の住人とする。それに対して保守派（コミュニタリアン右派）は「ドメスティックス」の住人だ。

図3－2を見ればドメスティックスはリバタニアを圧倒しているから、世界はますます「右傾化」していくように思える。だがすこし考えれば、そんなことにはならないと気づくだろう。

「リバタニア」の住人は、（近親憎悪はあるとしても）自由（Liberty）という〝普遍〟の原理を共有している。それは、「国家よりも個人の自己決定権や共同体の自律性を優先する」という信念でもある。アメリカ、ヨーロッパ、日本を合計すれば、「リバタニア（リベラル共和国）」の全人口は2億3000万人だ。

それに対して「ドメスティックス」は、トランプの「アメリカファースト」のように、それぞれの国の歴史や文化、なによりも国境によって分断されている。トランプ支持者は他国にはほとんど存在しないだろうから、その人数はアメリカ国内の2億人だけだ。

しかし話はこれだけでは終わらない。「ドメスティックス」には共有する（普遍的な）価値がないのだから、グローバルにつながることができない。ヨーロッパや日本の「ドメスティックス」は、アメリカの有権者のことしか考えないトランプになんの親近感も抱かないだろう。そんなトランプの大統領就任式で国歌を歌うということは、アメリカ国内の2億人の保守派を喜ばせたとしても、それ以外の世界じゅうのファンを敵に回すことになる。政治的信条にかかわらず、アメリカのスターが誰一人トランプのために歌わなかったのは当たり前なのだ。

それに対してビヨンセは、リベラルなオバマの就任式に出演することで、先進国の2億3000万人のリベラルだけでなく、アメリカ以外の2億7000万人の保守派にもアピールできた。両方を合わせれば5億人で、これは先進国の総人口7億人の7割を占めている。

このようにして、「リバタニア」と「ドメスティックス」の力関係はグローバルレベルでかんぜんに逆転する。

グローバル空間の「リベラル共和国」

「リバタニア」の典型はアメリカの大学で、そこでは教員や学生のほとんどは民主党を支持するリベラルだが、経済学部を中心にリバタリアンや功利主義者もそれなりの影響力をもっている。そして両者は、政治的な見解は異なるとしても、パーティなどでは楽しそうに談笑しているし、リベラルな学生がリバタリアンの教員と師弟関係になることも珍しくない。彼らのあいだには、「知的コミュニティの一員」という共通のアイデンティティがあるからだ。「リバタニア（リベラル共和国）」の住人とは、「知識社会化、グローバル化、リベラル化」の潮流に適応したひとたちだ。

それに対して保守派（コミュニタリアン右派）は、それぞれの国（共同体）ごとに異なる価値を奉じるのだから、（不可能ではないというものの）共生は難しい。イスラエルのユダヤ人とパレスチナ人、旧ユーゴスラヴィアのセルビア人、クロアチア人、ボスニア人など、アイデンティティが衝突する例はいくらでも挙げることができるだろう。

日本のように、日本語という言語によってグローバル空間から隔離されたマーケットではドメスティックス向けの言論（嫌韓・反中本）が溢れることになる。それに対して英語マーケットでは、著者は自分の国だけでなく「リバタニア」のすべての知識層を読者に想定できる。これが日本と英語圏の出版事情の大きなちがいになっている。——アメリカの人種差別を描いた『デトロイト』（キャスリン・ビグロー監督）のような硬派の映画が日本でなぜ制作できないか嘆く声があるが、これも同じ事情だろう。

ここで興味深いのは、ドメスティックスの主張が、国境を越えるとしばしばリベラルに

「反転」することだ。

中国においてリベラルな価値を掲げるのは、中国共産党の独裁に反対して民主化を求めるグループだ。それに対してドメスティックスは権力を独占する共産党とそれに寄生する既得権層で、その力関係は現在のところ共産党が民主派を圧倒している。

これに対して日本の右翼（ドメスティックス）は、中国共産党の独裁（ドメスティックス）を批判して民主派（リベラル）を支援する。彼らの党派的（部族的）な思考では「敵の敵は味方」だから、中国共産党に抵抗する民主派が味方になるのだ。

このことからわかるように、敵対する国同士では、しばしばドメスティックスがリベラルな批判をぶつけあうという奇妙なことが起きる。日本の右翼が国内ではリベラルを「売国奴」と批判しつつ、中国のリベラル（民主派）を支援するのはその典型だ。

「安倍一強」の秘密

国というローカルな空間でリベラルと保守が投票で争えば、ハイトのいうように、より大きな道徳的基盤をもつ保守派が有利かもしれない。しかし場所をグローバル空間に移せば、「ドメスティックス」の勢力は「リバタニア」にまったく対抗できない。

その結果、国内（ローカル）の選挙ではドメスティックスの支援を受けて当選したとしても、いったん国際社会（グローバル）に出ると「リバタニア」から強烈な圧力を受けることになる。アメリカ（トランプ）は基軸国なのでその圧力にもある程度耐えられるだろうが、日本程度の国力ではまったく相手にならない。このことは、従軍慰安婦問題をみるとよくわかる。

日本国内（ドメスティックス）においては、右翼・保守派（およびネトウヨ）の主張がリベラルを圧倒している。だが国際社会（リバタニア）では、国連人権委員会で慰安婦は「女性に対する暴力」とされ、アメリカの下院では「残虐性と規模において前例のない20世紀最大規模の人身売買事件のひとつ」として謝罪を勧告され、EU議会でも「20世紀の人身売買の最も大きなケースのひとつ」と認定された。

日本の右翼・保守派は、国内でいくら威勢がよくてもリバタニアでは「歴史戦」で惨敗を喫している。——右派論壇において慰安婦問題は日韓の「歴史問題」とされているが、国際社会では「女性の人権問題」と見なされている。日本政府の対応が後手に回ったのはこのことに気づかなかったからだろうが、それについてはこれ以上本書では触れない。

こうして「保守」の安倍首相は、国際舞台を経験するにつれて「歴史修正主義」から距離を置くようになった。国際社会では〝右翼〟は相手にされないのだ。

ここから「安倍一強」の秘密を読み解くこともできる。それは、以下の4つの戦略の組み合わせだ。

① 国際社会では「リベラル」
② 若者に対しては「ネオリベ」
③ 既存の支持層に対しては「保守」
④ 日本人アイデンティティ主義者に対しては「ネトウヨ」

「モリカケ問題」で権力基盤が揺らいでいるとはいえ、これが現代日本においてもっとも広範な支持者を確保する最強の戦略であることは間違いない。とりわけ有利なのは、中国や韓国・北朝鮮に強硬なポーズをとり、「朝日」「民主党」を批判することで、もっとも面倒なネトウヨを「私設応援団」にできることだろう。

安倍政権を批判するひとは〝ネトウヨ〟的な部分だけしか見ていないが、これでは国際社会での評価や若者層での高い支持率の理由が説明できなくなり、「左の陰謀論」にはまりこむことになる。ここまで述べてきたように、「安倍一強」はリベラル化とアイデンティティの衝突の微妙な天秤の上に成り立っている。

現代の世界は、(ほぼ)同じ価値観を共有する巨大な「リバタニア(リベラル共和国)」と、別々の価値観で分断された多数の「ドメスティックス」で構成されている。だからこそ、世界じゅうで「右傾化」が進みながらも、ひとびとの価値観はますますリベラルになっていくのだ。

PART4 「リベラル」と「保守」の進化論

7　きれいごとはなぜうさん臭いのか？

ヘビを気持ち悪いと恐れるのは生得的な感情だ。猛毒をもつヘビに安易に近づいた個体が生命を落とし、警戒した個体が生き延びて子孫を残したことで、ヘビへの強い嫌悪感が「選択」された。これが進化論の標準的な説明で、ヒトだけでなくチンパンジーの子どもも同じようにヘビを恐れることがわかっている。長大な進化の時間軸のなかで一部のヘビが毒をもつようになり、それに対して他の生き物が、長くてにょろにょろ動くものを嫌悪するようになることで対抗した。私たちはこうした「共進化」の末裔なのだ。

ところでここで、「イヌやネコをかわいがってヘビを嫌うのはヘビに対する差別だ」と主張するヘビ愛好家が現われたとしよう。彼らは、すべての生き物は生まれながらにして平等なのだから、長くてにょろにょろ動くというだけで、毒をもたない〝善良な〟ヘビまで嫌うのは「生き物権」の侵害だという。

「生き物権」を普遍的な自然権とするならば、ヒトを害さないヘビを不当に貶めてはならないとの主張はどこも間違ってはいない。ヘビの権利を擁護する活動家は、法によってヘビへの差別を禁じると同時に、教育によって差別感情を矯正するよう求めるだろう。社会の多数派がこの「リベラル」な政治的立場を受け入れれば、小学校ですべての生徒に「ヘビを差別しない明るい社会」を目指す授業が行なわれるようになる。

しつけや教育によってヘビへの気持ち悪さがなくなるのなら、これでなんの問題もない。しかし困ったことに、ヘビへの嫌悪感は遺伝子に埋め込まれたプログラムなので、どれほど教育されても気持ち悪い感じは消えない。ところがヘビの権利を擁護する社会ではその嫌悪感は口にしてはならないと抑圧され、さもなくば「差別主義者」のレッテルを貼られて社会的に葬り去られてしまうのだ。

「ヘビ差別」をなくそうとする教育的努力は、必然的に個人の内面に介入する。子どもたちは「ヘビを差別することは道徳的に許されない」と教えられるが、ヘビを見ると気持ち悪さを抑えることはできない。この矛盾を解消しようとすれば、自分を「不道徳」な存在として断罪するか、「ヘビを差別する自分は正しい」と開き直るか、どちらかしかない。

誰も自分のことを嫌いになることはできないから、自己批判はとても苦しい作業だ。そこで自分を「不道徳」と断罪したひとは、やがてその感情を他者に投影し、あらゆる「差別」を血眼になって探し、相手を批判することで自身の「正義」を証明しようとするだろう。「差別する自分は正しい」と開き直ったひとはそれを「偽善」と罵り、自己正当化に使えるありとあらゆる理屈（たとえば陰謀論）にしがみつくかもしれない。

この問題の本質はどこにあるのだろうか？　それは現代社会の価値観と、進化の過程でつくられた（無意識の）感情が常に整合的であるとはかぎらないことだ。解決困難な社会問題の多くはこの両者の衝突から生じるが、きれいごとによってひとびとの内面に道徳的に介入すること（善意による説教）はなんの解決にもならず、かえって事態を悪化させるだけなのだ。

ニューリッチはリベラルの牙城

アメリカの保守派の政治学者チャールズ・マレーは、行動計量学者のリチャード・ハーンスタインとの共著『The Bell Curve（ベルカーブ）』で白人と黒人のＩＱを比較して大きな非難を浴びた。そこで次の単著『階級「断絶」社会アメリカ――新上流と新下流の出現』（草思社）では、アメリカにおいてもっともやっかいな人種問題を回避するために分析の対象を白人に限定したうえで、ヨーロッパ系白人のなかで大学や大学院を卒業した知識層と、高校を中退した労働者層とで、その後の人生の軌跡がどのように異なるのかを膨大な社会調査データから検証した。それによって、「アメリカの格差は人種差別によるものではなく〝知能の格差〟だ」という事実を示そうとしたのだ。

マレーは、アメリカでは認知能力の優れたひとたち（知識層）とそれ以外のひとたちが別々のコミュニティに暮らしていることを、郵便番号（ZIP）と世帯所得の統計調査から突き止めた。

アメリカ各地に知識層の集まる「スーパーZIP」がある。このスーパーZIPが全米でもっとも集積しているのがワシントン（特別区）で、それ以外ではニューヨークとサンフランシスコ（シリコンバレー）に大きな集積があり、ロサンゼルスやボストンなどがそれに続く。

ワシントンに知識層が集まるのは、「政治」に特化した特殊な都市だからだ。この街ではビジネスチャンスは、国家機関のスタッフやシンクタンクの研究員、コンサルタントやロビイストなど、きわめて高い知能と学歴を有するひとにしか手に入らない。

ニューヨークは国際金融の、シリコンバレーはICT（情報通信産業）の中心で、ロサンゼルスはエンタテインメント、ボストンは教育産業の中心だ。グローバル市場でアメリカの文化や芸術、技術やビジネスモデルが大きな影響力をもつようになったことで、グローバル化に適応した仕事に従事するひとたち（クリエイティブクラス）の収入が大きく増え、新しいタイプの富裕層が登場した。

マレーは、スーパーZIPに暮らす新上流階級の政治的志向を調べ、それを一般のアメリカ人と比較した。

図4－1はスーパーZIP（富裕層地区）以外に住むアメリカ人の政治的志向で、リベラルな政策のほとんどに賛成する「純粋リベラル」が31％、リベラルな政策にほぼ賛成する「リベラル」が11％、保守的な政策のほとんどに賛成する「純粋保守」が26％、保守的な政策にほぼ賛成する「保守」が12％、リベラルでも保守でもない「中道」が21％となっている。民主党支持の「リベラル」と共和党支持の「保守」でアメリカは分裂しているといわれるように、それぞれ3割ほどの「純粋リベラル」と「純粋保守」が敵対しているが、逆にいえば残りの4割強は「穏健派」ということになる。先ほどは保守派7割、リベラル3割と仮定したが、ふつうのアメリカ人の政治的志向は意外にバランスがとれているのだ。*40

次に図4－2を見てみよう。これはマレーが「4大クラスター」と呼ぶニューヨーク、ワシントン、サンフランシスコ、ロサンゼルスの富裕層の政治的志向だ。驚くべきことに、東部と西海岸の大都市では「純粋リベラル」が64％と圧倒的で、「純粋保守」と「保守」

図4-1　富裕層地区以外に住むアメリカ人の政治的志向

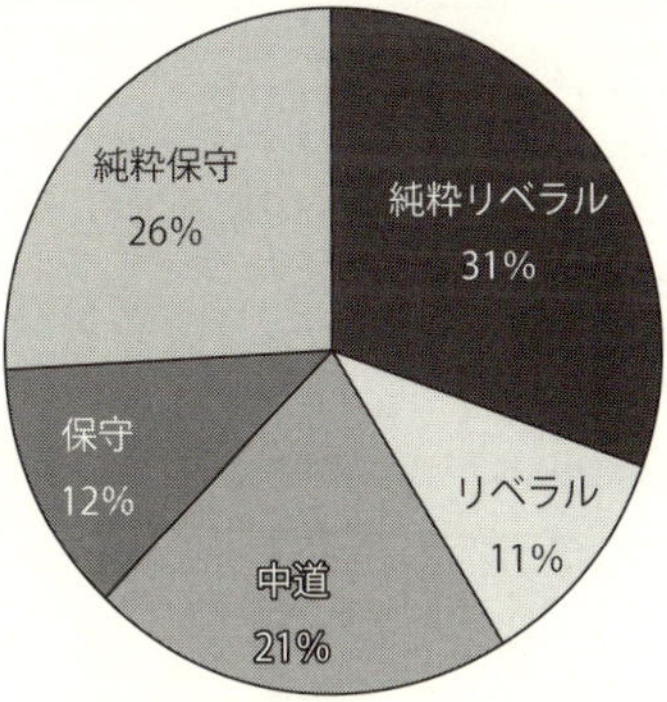

チャールズ・マレー『階級「断絶」社会アメリカ』より作成（ADA年刊報告書とジップコード別データ。パーセンテージはジップコード別の人口による重みづけがされている)。合計が101%になるが原著に従った。

図4-2　4大クラスターに住むアメリカ人富裕層の政治的志向

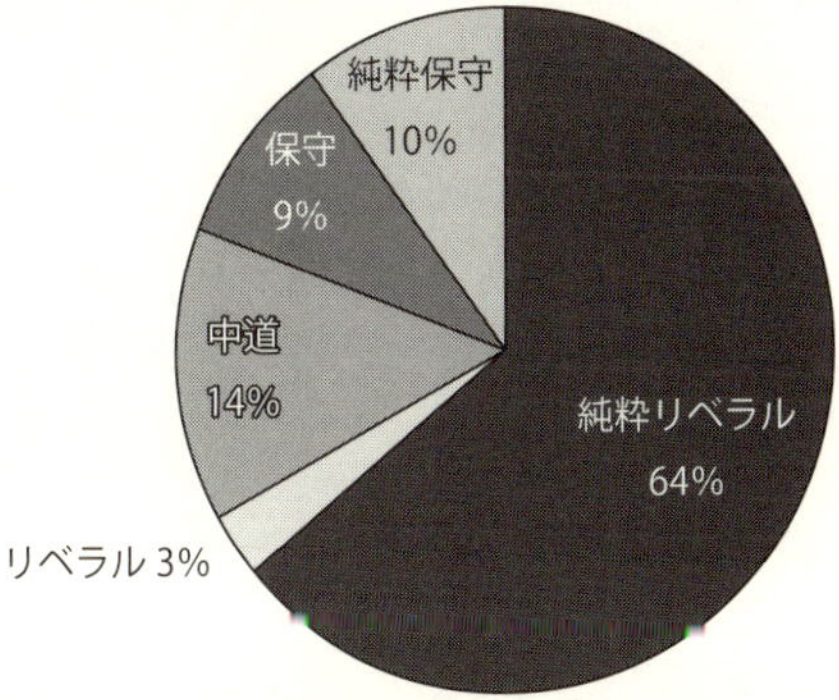

チャールズ・マレー『階級「断絶」社会アメリカ』より作成（ADA年刊報告書。パーセンテージは対象となるスーパージップの総人口による)。

を合わせても19%しかいない。現代の「リバタニア（リベラル共和国）」の中核にいるのは、ワシントンの政治エリートやニューヨークの国際金融マン、サンフランシスコのベンチャー起業家、ロサンゼルスのメディア関係者などの富裕層＝新上流階級なのだ。

アメリカの分裂とは、彼らニューリッチ＝グローバリストと、トランプを支持するラストベルトのホワイト・ワーキングクラス（ニュープア）の対立のことだ。

道徳の貯金箱

「きれいごと」の心理的な効果についてプリンストン大学の2人の心理学者が興味深い実験を行なっているので、すこし詳しく紹介しよう。*41

第一の実験では、プリンストン大学の学生（男115人、女87人）がランダムに2つのグループに分けられ、一部の単語が異なるだけの文章を読み、正しいか間違っているかを答える（カッコ内は別グループへの設問）。

・一部の（ほとんどの）女性は家で子どもの世話をするのが向いている
・一部の（ほとんどの）女性より男性は感情面で政治家に適している

・一部の（ほとんどの）女性にとってもっともよい仕事は料理・看護・教師の類である
・一部の（ほとんどの）女性は自分を守るのに男性を必要としている
・一部の（ほとんどの）女性はあまり賢くはない

これらはすべてPC（Politically Correctness／政治的正しさ）に関する質問だが、「一部の女性はあまり賢くはない」という文章を正しいかどうか訊かれた男子学生は判断に迷うだろう。道徳的には「間違っている」というべきだろうが、そうなると論理的には「すべての女性は賢い」ということになってしまい、これはこれで違和感がある。一部の男性もあまり賢くないのだからと納得させて「正しい」と答えるかもしれないが、そうすると自分が性差別主義者であることを認めたような気になってしまうのだ。――これは「政治的正しさ」が徹底されたアメリカの大学だからで、日本の大学生は「一部の女性はあまり賢くはない」と答えることになんの葛藤もないようだ。

＊40　ただし他の調査では、アメリカでは自らを「保守」と見なすひとが「リベラル」の2倍ちかくいる。
＊41　Benoit Monin and Dale T. Miller (2001) "Moral Credentials and the Expression of Prejudice." *Journal of Personality and Social Psychology*

それに対して「ほとんどの女性はあまり賢くない」という文章を評価した男子学生は、自信をもって「間違っている」とこたえることができる。それが明らかに、事実としても道徳的にも正しいからだ。

この課題のあと、学生たちはもう1枚の紙を渡された。そこには次のようなシナリオが書かれていた。

あなたはニュージャージーにある社員数45人の小さなセメント会社を経営しています。去年はとりわけ業績がよく、新規投資によって工場の生産力を増強したことで、業績をさらに拡大するため別の州にも顧客を開拓すべきときがきたと判断しました。しかしあなたは工場を長期に離れるわけにはいかず、潜在顧客を開拓しビジネスの交渉をするために誰かを雇うことにします。セメント業界はきわめて特殊な世界で、工事現場はビルから別のビルへと変わり、建築現場の親方や建設会社と信頼関係を築かなくてはなりません。同時にきわめて競争のはげしい市場で、値引きの要求はときにきびしいものになります。さらには技術的にも高度な仕事で、自分の専門知識に自信がなさそうな担当者は顧客から真面目に相手にしてもらえません。あなたの右腕となる人材を採用するために、会社での上位5指に入る報酬を用意することも決めました。
あなたはこの仕事について、性別による向き不向きがあると思いますか？

一読してわかるように、このシナリオは意図的に男性向きの仕事をイメージするように書かれている。「イエス」とこたえれば「男性の応募者を優先して採用するべきだ」ということだし、「ノー」であれば「男性でも女性でも公平に評価すべきだ」ということになる。実験の趣旨は、どれだけの学生が採用にあたって性差別を容認するかを調べることではない。

被験者は2つのグループにランダムに割り振られたのだから、本来であれば「イエス」と「ノー」の割合は統計的な誤差の範囲に収まるはずだ。もしそれ以上の差が生じるとすれば、グループ間で異なる特殊な要因がはたらいたと考えるほかはない。それは、最初の課題で読んだのが「一部の女性」か「ほとんどの女性」かだ。

結果は、2つのグループのあいだに統計的な誤差を上回る有意な差が生じた。だがそれは男子学生だけで、女子学生には見られなかった。詳細を調べてみると、最初の課題で「ほとんどの女性」バージョンを読んだ男子学生は、第二の課題で「男性の応募者を優先して採用すべきだ」と回答する割合が高かったのだ。

なぜこのようなことが起きるのか。研究者は、「道徳は貯金のようなもので、増えたり減ったりする」という仮説を立てた。

「ほとんどの女性は家で子どもの世話をするのが向いている」「ほとんどの女性より男性は感情面で政治家に適している」などの文章を読んで、自信をもって「間違っている」とこたえた学生は、「道徳の貯金箱」に心理的な貯金をした。それに対して「一部の女性にとってもっともよい仕事は料理・看護・教師の類である」「一部の女性は自分を守るのに男性を必要としている」などの文章を読んで逡巡した学生は、内なる差別と向き合わざるを得なかったことで、道徳の貯金箱に心理的な負債を負ったことになる。

次に彼らは、男性的な仕事の典型であるセメント会社の経営者になって営業マンを採用しようとするのだが、このとき道徳の貯金箱がプラスになっている学生は、（無意識のうちに）多少は不道徳な判断をしてもいいだろうと思い、「男性の応募者を優先して採用すべきだ」とこたえる。その一方で、道徳の貯金箱がマイナスになっている学生は無意識のうちに負債を挽回しようとして、「男も女も平等に評価すべきだ」と「政治的に正しく」こたえるのだ。

この実験の結論をわかりやすくいうと、次のようになる。きれいごとをいうひとは、道徳の貯金箱がプラスになったように（無意識に）思っているので、現実には差別的になるのだ。

「きれいごと」はなんにでも使える

年を重ね世間を見てきたひとは、「きれいごと」をいうひとが常に弱者にやさしいわけではないことに気づいているだろう。だがこれは、たんなる偏見かもしれない。そこで第二の実験を見てみよう。

ここでは、被験者となったプリンストン大学の白人学生（男性50人、女性82人）をランダムに3つのグループに分け、最初の課題で大手コンサルティング会社の採用担当者になったと仮定して、5人の応募者を評価させた。履歴書の内容はどれも同じで、いずれのグループも有名大学で経済学を専攻し、優秀な成績で卒業した4番目の応募者がもっともすぐれていた。異なるのはこの〝スター応募者〟の属性で、第一グループは白人女性、第二グループは黒人男性、第三グループ（対照群）は白人男性になっていた。ほとんどの被験者が、この〝スター応募者〟をもっとも高く評価した。

この課題が終わったあと、被験者は次のような文章を読んだ。

あなたはアメリカの地方の小さな町の警察署長です。歴史的にその町の人口構成は白人がほとんどで、他の人種に対する町のひとびとの態度は好意的とはいえません。そして残念なことに、これは警察署内部でも同じで、あなたがもっとも有能と思う部下も人種差別的なジョークを口にします。事実、何年か前に黒人の巡査を採用したことがあるのですが、職場でのいやがらせを理由に1年で辞めてしまいました。あなたはこうした状況を変えたいとは思っていますが、それよりも優先すべきは警官本来の仕事です。それはこれまでうまくいっており、あなたは警官たちの間に不安を生じさせるようなことをしたくはありません。

さて、今年も新人警官を採用する時期になりました。一般的なルールでは、警察官は責任感があり、ひとびとから信頼され、危機的状況のなかで素早い判断ができる知性をもつことが要求されています。さらに近年のスキャンダルで、道徳的であること、汚職に手を染めないこと、丁重さや冷静沈着さも求められています。あなたは警察学校の卒業生から応募書類一式を受け取りました。この採用にあたって、あなたは特定の人種を優先的に考慮すべきでしょうか。

大手コンサルティングファームの採用担当者の課題で〝スター応募者〟が黒人だった学生は、「自分は人種差別主義者ではない（だから公平に黒人の応募者を選んだ）」と自信をもってアピールできた。そして予想どおり、（無意識のうちに）道徳の貯金箱がプラスになったことで、次のより微妙な課題では「警察署長としての職責を考えれば新人を白人警官から選ぶのも仕方がない」とこたえることが多かった。それに対して〝スター応募者〟が白人男性だった学生は、道徳の貯金箱をプラスにすることができなかったので、「採用にあたって人種を考慮すべきでない」とこたえる割合が高くなった。

ここまではわかりやすい結果だが、興味深いのは〝スター応募者〟が女性だった場合でも白人警官を有意に選好するようになったことだ。これは「自分は性差別主義者ではない」というアピールが、人種差別を正当化するための「貯金」になったことを示している。「きれいごと」はなんにでも使えるのだ。

もうひとつ、第一の実験とは異なって、第二の実験では男性と女性の被験者で結果にちがいがないこともわかった。第一の実験では、「ほとんどの女性はあまり賢くない」などの文章を読まされた女性の被験者が自分への攻撃のように感じて、「セメント会社の経営者」としてより公正な判断をしたからだと考えられる。第二の実験のように自分には関係のない人種問題では、男子学生と同じ程度に女子学生も「差別的」になるのだ。

第三の実験では、他人がいる場合に「道徳の貯金箱」がどうなるかが調べられた。内容は第二の実験（人種差別バージョン）と同じだが、ここでは被験者は2つのグループに分けられ、どちらも隣に研究助手が座っていた。

最初の課題（コンサルティングファームの採用担当者）で、研究助手に向かって黒人の応募者や女性の応募者を選んだ被験者は、研究助手が隣で聞いていたとしても、次の課題（警察署長）で白人の新人警官を選ぶ割合が高かった。最初の課題で自分が「差別主義者」ではないことを研究助手にアピールしているのだから、これは予想どおりだ。

興味深いのはもうひとつのグループで、ここでは最初の課題に答えたあと、ドアがノックされ、研究助手は急用ができたといって同僚と交代する。新しく部屋に入ってきた研究助手は、被験者が第一の課題でどのように答えたのかを知らない。しかしそれでも、警察署長役の被験者は、白人警官を優先的に採用すると回答したのだ。

このことは「道徳の貯金箱」が、他人がそれを知っているかどうかには影響されないことを示している。「きれいごと」は魔法の呪文と同じで、それを口にしただけでひとを「差別的」にするのだ。

こうした実験はほかにも行なわれており、たとえばオバマ大統領が誕生したとき、オバマへの支持を表明した白人の被験者は、企業の採用担当者として白人の応募者をより優先的に採用しようとした。[*42]「リベラルな金持ちの白人はじつは差別主義者だ」という保守派の定番の批判は、けっこう痛いところを突いているのだ。——黒人の若者が白人の恋人の「リベラルな金持ち」の実家に挨拶に行き、異常な出来事に巻き込まれるホラーコメディ映画『ゲット・アウト』は、誰もがうすうす感じているアメリカ社会の「隠蔽された差別」を描いて大ヒットした。

潜在的な偏見を可視化する

残念なことに、私たちはみな潜在意識に偏見を抱えている。これが問題になるのは、い

＊42　Daniel Effron, Jessica S.Cameron, Benoît Monin (2009) "Endorsing Obama Licenses Favoring Whites." *Journal of Experimental Social Psychology*

ったんつくられたステレオタイプが相手への評価を左右するからだ。アメリカでは裁判の被告が黒人や外国人だった場合、白人のアメリカ市民に比べて有罪とされる割合がずっと高いことが繰り返し確認されている。

しかしいくら指摘されても、自分の内なる差別意識を認めることは難しい。そこで心理学者のアンソニー・グリーンワルドは、客観的な方法で潜在的な差別を計測する方法がないかを考えた。それも脳の画像を撮影するような大仰なものではなく、誰でもかんたんにできるものでなくてはならない。多くのひとが内なる差別を自覚すれば、ステレオタイプによる不利な評価が減るのではないかと期待したのだ。こうして開発されたのが、IAT(潜在連合テスト/implicit association test)だ。[*43]

IATの基礎にあるのは、私たちは無意識のうちに、「良いものと良いもの」「悪いものと悪いもの」を結びつけている(連合させている)という知見だ。

「蘭」「ゴキブリ」「優しい」「醜い」という単語の選択があったとしよう。これを組み合わせるとき、被験者は「蘭-優しい」「ゴキブリ-醜い」というセットには素早く反応し、「蘭-醜い」「ゴキブリ-優しい」というセットをつくるときは時間がかかる。これはステレオタイプと異なるセット(連合)をつくらなければならないからで、意識による修正が必要になってタイムラグが生じるのだ。

同様に人種IATでは、黒人の顔と白人の顔を、「快語（「笑顔」など）」「不快語（「苦痛」など）」と組み合わせる。人種に対する差別意識がなければどのような組み合わせでも統計的な差はでないはずだが、黒人に対する（潜在的に）ネガティブな意識をもっていると、「黒人の顔＋不快語」では素早く反応し、「黒人の顔＋快語」の組み合わせでは反応に時間がかかる。

グリーンワルドたちはこの仕組みを使ったIATのテストをインターネット上に公開している。NPO団体Project Implicit（プロジェクト潜在）が運営するサイトでは、日本語でも以下の7つの「無意識のバイアス」が調べられる。*44

① セクシャリティ（同性愛者より異性愛者を選好する差別意識）

② 国家（ナショナリズム。日本版では、アメリカよりも日本を選好する潜在意識を計測）

＊43 M・R・バナージ、A・G・グリーンワルド『心の中のブラインド・スポット──善良な人々に潜む非意識のバイアス』北大路書房

＊44 https://implicit.harvard.edu/

③ 年齢（老人よりも若者を選好する意識）
④ 肌の色（暗い肌の色よりも明るい肌の色を選好する意識）
⑤ 体重（太ったひとよりもやせたひとを選好する意識）
⑥ ジェンダー（人文科学を女性、自然科学を男性と結びつける意識）
⑦ 人種（黒人よりも白人を選好する意識）

人種IATでは、黒人と白人の顔写真と形容詞が交互に呈示される。参加者は右ボタン（キーボードの「i」）と左ボタン（キーボードの「e」）を使って、最初は白人の顔と肯定的な単語（「笑顔」）のセットを右ボタン、黒人の顔と否定的な単語（「苦痛」）のセットを左ボタンで分類し、次は白人の顔と否定的な単語のセットを左ボタン、黒人の顔と肯定的な単語のセットを右ボタンで分類する。実際にやってみるとわかるが、ほとんどのひとは、白人の顔と肯定的な単語、黒人の顔と否定的な単語のほうがずっとスムーズにキーを押せることに気づくはずだ。

このテストを開発したグリーンワルドによれば、「自分には差別意識などない」と思っているハーバードなど有名大学の白人学生がこのテストで「差別意識」を検出され、大きなショックを受けるという。これまで多くのひとがネットなどでこのテストを受けたが、70％以上に「潜在的差別」が見つかるのだ。

興味深いのは、自己報告回答では教育水準が高いほど「自分は黒人に偏見はない」と答えるが、そんな彼らの潜在的偏見を人種ＩＡＴで調べると、もっとも高い教育程度の者も、もっとも低い者と同じくらいのステレオタイプを示したことだ。潜在的な偏見は、教育で矯正することはできないのだ。

さらに困惑するのは、「潜在的な黒人差別」が黒人の被験者からも検出されることだ。それだけでなく、同性愛者への差別に反対する活動家が同性愛ＩＡＴを受けたところ、「同性愛＝良い」よりも「同性愛＝悪い」に強い連合をもつことが示されたこともある。――同性愛活動家の女性はこの結果にショックを受け、当初は自分の名前を出すことを承諾していたのだが、それを拒否した。

なぜこんなことになるのだろうか。グリーンワルドは、私たちが好むと好まざるとにかかわらず、文化で共有されている態度を自分たちのなかに染み込ませているからだと説明する。そのため黒人とほとんど接触した経験のない（私のような）日本人でも、テレビや映画などを通じて「人種差別意識」がつくられていく。

ただし、人種IATでは敵対行動（人種的な誹謗中傷や攻撃的・暴力的行動など）は予測できない。それは「黒人への露骨な差別」というよりも「黒人より白人を優先する身内意識」で、この「内集団びいき」によってアメリカ社会では黒人は間接的に差別されている。このためグリーンワルドは、IATで潜在的な偏見が検出されたひとを「差別主義者」と呼ぶべきではないとして、「居心地の悪い平等主義者（uncomfortable egalitarian）」という名前を提唱している。

ちなみに私はすべて受けてみたが、その結果をここで報告することは意味がないだろう（いくらでもごまかせるからだ）。それでもひとつだけ例を挙げると、ジェンダーバイアスにおいて、私は平均的には女性は人文科学（文章読解力）に、男性は自然科学（物理・数学）に向いているのではないかと思っている（これにはさまざまなエビデンスがある）。その意味で私はジェンダーに対してPCではない（政治的に正しくない）ことを自覚しているが、IATのジェンダーテストでは、人文科学を女性と、自然科学を男性と結びつける潜在的な連合は計測されなかった。――とはいえこれは、私が「女性に対して常に公平である」ということを意味しない。そのような「きれいごと」をいうと差別的になってしまうかもしれないから念のために断っておく。

8 リベラルはなぜ金持ちなのか？

社会心理学ではずっと、「パーソナリティ（性格）」と「態度（特定の対象についての一貫性のある心理的構え）」を別のものとして、パーソナリティは知能や精神疾患と同様にある程度遺伝するが、態度は経験を通じて後天的に獲得・形成されると考えられてきた。特定の政党（政治家）を支持し、別の政党（政治家）を嫌うという政治的態度もそのひとつだ。

政治的態度の遺伝率

一卵性双生児はほぼすべての遺伝子を共有し、二卵性双生児は平均して5割の遺伝子しか共有しないが、両者は同時に生まれ、同じ家庭で育てられる。1970年代に行動遺伝学がこれを利用して遺伝と環境の影響を推計する洗練した統計手法を編み出したことで、「政治的な態度は遺伝しない」という常識は挑戦を受けることになった。

図4-3は、バージニア州で3万人の双生児を対象に行なわれた大規模調査のデータを使い、行動遺伝学の手法で政治的態度における遺伝と環境の影響を推計したものだ。*45

政治的態度の判定には、「女性解放」「人種分離」などの単語に「同意する」「同意しない」「わからない」の3択で回答する検査が使われた。「資本主義」の遺伝率が39％ということは、「同意」「不同意」「不知」の回答のばらつき（分散）のうち約4割が遺伝によって説明できることを示している（資本主義への賛成だけでなく、反対も同じように遺伝する）。

共有環境と非共有環境は、文字どおり環境を共有しているかしていないかだが、ここでは在野の心理学者ジュディス・リッチ・ハリス（『子育ての大誤解―重要なのは親じゃない』ハヤカワ文庫NF）に従って、共有環境を「子育て」、非共有環境を「友だち関係」と考えることにする。そうすると、「資本主義」への態度（のばらつき）は39％を遺伝、14％を子育て、47％を友だち関係など家庭外の出来事で説明できることになる（これはあくまでも推計で、遺伝率が39％か40％かに意味はない）。

この数字をどう読むかだが、ここでは参考として、身長の遺伝率が66％、体重が74％というデータをあげておこう。背の高い（太った）親からは長身の（太った）子どもが生まれやすいが、そうでないこともある。同様に、遺伝率が「平和主義」で38％、社会主義で36％というのは、平和主義や社会主義に同意するかしないかが、身長や体重ほどではないものの、やはりかなりの程度遺伝することを示している。

図4-3　政治的態度における遺伝と環境の影響

政治的態度	遺伝率	共有環境	非共有環境
資本主義	39%	14%	47%
平和主義	38%	−4%	66%
共和党	36%	12%	52%
社会主義	36%	7%	57%
ポルノ映画	35%	28%	37%
移民	33%	12%	55%
女性解放	33%	13%	54%
死刑	32%	24%	44%
同性愛者の権利	28%	32%	40%
人種分離	27%	11%	62%
民主党	26%	21%	53%
離婚	26%	21%	53%
中絶	25%	39%	36%
リベラル	18%	26%	56%
平均	32%	16%	53%

"Are Political Orientations Genetically Transmitted?" より一部抜粋。
平均は全28項目のもの。

認知能力のうち、一般知能（IQ）の遺伝率は77％ときわめて高く、共有環境はゼロ、非共有環境は23％だ。[*46] 行動遺伝学の重要な発見は、一般に思われているよりも遺伝の影響がずっと大きく広範囲に及んでいることと、認知能力や性格、才能において共有環境（子育て）の影響がほとんど見られないことだ。

それに比べると、政治的態度における共有環境の影響は相当に大きい。なかでも「同性愛者の権利」「中絶」「リベラル」は遺伝率を超えている。このうち最初の2つは宗教的な対立で、アメリカにおいては「リベラル対保守」も宗教対立の様相を呈している。じつは行動遺伝学でも、「宗教的なものは例外的に共有環境（子育て）の影響が大きい」ことがわかっている。

ジュディス・リッチ・ハリスは、共有環境（子育て）の影響がほとんど計測されない理由を、子どもは遺伝的なちがいを活かしながら、友だち関係のなかで自分のキャラをつくっていくからだと考えた。これはきわめて説得力のある仮説だが、逆にいえば、友だちが関心をもたないことは非共有環境の影響が少ない、すなわち子育ての影響が強く出るということでもある。そして食べ物の嗜好（ニンジンが嫌いでも仲間外れにされることはない）と同様に、宗教も友だちの関心外にあるらしい。友だちグループは同じような服装をし、同じような音楽を聴き、同じような話し方をし、同じ趣味をもち同じ行動（ときには非行）をするが、自分たちのグループを親の宗教で統一しようとは思わないのだ。――これはおそらく、宗教が人類の進化の過程で後れて（農業革命前後に）登場したからだろう。だとすれば、政治的態度も宗教と同じで、友だち関係の強い同調圧力にさらされることがなく、そのぶん子育ての影響が強く出るのかもしれない。

ちなみにこのことが、オウム真理教のようなカルト宗教団体や、在特会のようなカルト政治団体に若者が魅かれる理由を特定するのがきわめて難しい理由になっている。遺伝・共有環境・非共有環境の影響がほぼ同じなら、宗教的（政治的）な家庭に育った若者と同じくらいの割合でごく平凡な家庭に育った若者がいるだろうし、学校でいじめられていた子どももいじめていた子どももいるだろう。そこには遺伝的な影響もはたらいているのだから、特定の因果関係を探そうとするのは徒労なのだ。

＊45　John R. Alford, Carolyn L. Funk, John R. Hibbing（2005）"Are Political Orientations Genetically Transmitted?" *American Political Science Review*

＊46　遺伝率のデータは安藤寿康『遺伝マインド――遺伝子が織り成す行動と文化』（有斐閣）より

知能と政治的態度の相関

ひとはさまざまなルートで宗教や政治団体にハマる。これが在特会の会員が「ふつう」である理由だが、しかしだからといって、すべてのひとがヘイトスピーチを叫ぶようになるわけではない。最近になって、そこには一貫した傾向があることがわかってきた。

オーストラリアの3人の心理学者が、知能と政治的態度に相関があるかどうかを調べたきわめて興味深い研究がある。[*47]

研究者らは、シドニーなど5校の7年生（12歳。日本では小学校6年に相当）の生徒375名（男子168名、女子207名）に、論理・数学能力や言語運用・文章読解能力を測る標準的な学力検査を受けさせた。次いで5年後の12年生（17歳。日本では高校2年に相当）のときに、同じ生徒が心理テストを受けた。計測されたのは以下の3つの社会性向だ。

① 右派の権威主義（Right-wing authoritarianism／RWAと略）
② 社会的支配指向性（Social Dominance Orientation／SDOと略）
③ 宗教的価値観[*48]

RWA（右派の権威主義）は、権威や社会的規範を尊重する保守的なひとたちに特有の政治的態度だ。それに対してSDO（社会的支配指向性）は他者に対して支配的態度をとりたがる性向で、ようするに「ボスっぽく」ふるまうことだ。SDOはRWAに似ているが、このひとたちは自分が権威になりたいのであって、左派のなかにもたくさんいる（レーニン、毛沢東、ポル・ポトを想起されたい）。一般にはRWAとSDOを合わせて「保守（Conservative）とされるが、ここでは両者は別の政治的態度に分類されている。

またこの研究では、RWA指数が低いこと（権威主義的でないこと）を「リベラル」と定義している。宗教的価値観は「信仰の強さ」と考えればいいだろう。

研究者の興味は、12歳のときの知的能力によって17歳のときの政治的態度を予測できるのか、ということだった（きっとあなたも興味があるだろう）。

結果は次のようになった。

＊47 Heaven,P.,Ciarrochi, J. and Leeson P.（2011）"Cognitive ability, right-wing authoritarianism, and social dominance orientation: A five-year longitudinal study amongst adolescents." *Intelligence*

＊48 「RWAとSDOに関連するパーソナリティ次元」も計測されたがここでは省略する。

①　12歳時点の数学能力と言語運用能力は、17歳時点の「リベラル」度と強い相関関係にあった。逆にいうと、数学能力と言語運用能力の低い子どもは、5年後に権威主義的である傾向が強かった。

②　12歳時点で知能の高かった子どもは、パーソナリティの5大因子のうち「経験への開放性」と強い相関関係にあった。知能の高い子どもほど、新奇なアイデア、価値、感覚に対して柔軟だった。また12歳時点で知能の高かった子どもは、17歳時点で宗教的価値をあまり重視していなかった。

③　RWA（権威主義）は信仰と強い関係にあったが、SDO（支配的性向）はそうでもなかった。――権威を尊重する者ほど信仰心が強く、権力を求める者は信仰をさほど必要としない。

④　RWAとSDOはともに、「経験への開放性」と強い負の相関関係があった。彼らは新しいアイデア、価値、感覚を忌避する傾向があった。

⑤　RWAはパーソナリティの5大因子のうち、「誠実性」と強い相関関係にあった。一方、SDOは「誠実性」「協調性」と強い負の相関関係にあり、「神経症傾向」と正

の相関関係があった。――保守的なひとは一般に誠実だが、支配的なひとは誠実でも協調的でもなく神経症っぽい。

⑥ RWAは「頑固さ（忍耐強さ）」「几帳面さ」「信頼性」と関係していた。一方、SDOはこれらとは関係がなく、「反抗（同意しない性向）」と関係があった。――保守的なひとは頑固で几帳面で信頼できる。支配的なひとはいうことをきかない。

「パーソナリティの5大因子」は、ひとの性格を構成する「神経症傾向（N）」「外向性（E）」「経験への開放性（O）」「協調性（A）」「誠実性（C）」の5つの要素のことで、「ビッグファイブ」と呼ばれる。心理学では標準的な理論だが、ここではそれが正しいかどうかはとりあえず問題ではない。重要なのは、リベラルか保守かが「経験への開放性（Openness）」と強く相関することがさまざまな研究で示されていることだ。

「経験への開放性」が高いひとは、料理でも音楽でもファッションでも、あるいは職業選択や恋人選びでも、これまで経験したことのない「新しいもの」に魅かれ、こうした性向は「ネオフィリア（新奇好み）」と呼ばれる。それに対して「経験への開放性」が低いひとは、自分が知っていることやこれまでずっとやってきたことにこだわり、未知のものを拒絶する。こちらは「ネオフォビア（新奇嫌い）」だ。

このように考えれば、12歳時点でネオフィリア（新しいもの好き）だった子どもが「リベラル」になり、ネオフォビア（怖がり）だった子どもが「保守」になることに不思議はない。リベラルの本質である「進歩主義」は、未知の発見や体験を求めることなのだから。

この実験を行なった研究者は、RWA（権威主義）とSDO（支配的性向）の2つの政治的・社会的態度がどのような要素によって予測できるかも調べた。

① RWAはSDO、経験への閉鎖性、信仰、低い言語運用能力によってよく予測された。
② SDOはRWA、神経症傾向、低い協調性、低い信仰、低い言語運用能力によってよく予測された。また、高い論理・数学能力によってもよく予測された。

これはどういうことだろうか。

まず、RWAとSDOがお互いの予測因子であることは、権威主義的なひとが支配的だったり、支配的なひとが権威主義的だったりするという一般的な感覚の正しさを裏づけている。だが両者には、性格的にかなり顕著なちがいがある。権威に従順なひとは信仰心が強く誠実性が高いが、支配的なひとは誠実性と協調性がマイナスで、神経症の傾向があり、権威に対して反抗的であまり信仰心が強くない。だったらなぜ両者がお互いに予測可能かというと、そこに共通の因子があるからだ。それが「低い言語運用能力（口べた）」だ。

研究者は、低い言語運用能力は世界を「危険な場所」と感じさせ、なにものかに攻撃されているという不安から、共同体の安全や社会の規律を重視することにつながるのではないかと推測している。これがRWA（権威主義）の心理の根底にあるとすれば、SDO（支配的性向）には世界を弱肉強食のはげしい競争の場だと見なす傾向がある。RWAのキーワードが「不安」だとすれば、SDOは「競争」だ。

世界を不気味でおそろしい場所だと感じるRWAは、政治的には保守主義で排外主義的になる。彼らは、社会の秩序が崩れることをなによりも恐れるひとたちだ。

それに対してSDOは、世界をヒエラルキー（階層）で把握し、より強い者が、より弱い者や外部の者を支配するのが当然だと考える。彼らの特徴は高い論理・数学的能力をもちながらも（だからこそ経済的に成功できる）、言語運用能力が低いために社交性（恋人や友人をつくる能力）に乏しいことで、その不全感が権力を過剰に求めることに結びつくのかもしれない。

ネオフィリアとネオフォビア

知能がリベラルと保守の強い予測因子になるというこの実験は大きな波紋を呼んだが、わたしたちが漠然と感じている疑問に明快なこたえを与えてくれる。

アメリカで「民主党の牙城」とされるのはニューヨーク、ボストン、ワシントンなどの東部と、ロサンゼルス、サンフランシスコ、シアトルなどがある西海岸で、いずれもアメリカで（というか世界で）もっとも裕福なひとたちが集まる地区だ。現代において知能（認知能力）が社会的・経済的成功と強い相関関係にあることはさまざまな調査で明らかだが、知能の高い子どもが「リベラル」になって東部と西海岸の大都市に集まり、裕福になっていくと考えればこの現象をシンプルに説明できる。――アメリカでは個人の政治的立場を明らかにするのが当然とされており、大学教員や研究者（もっとも知能の高いひとたち）のあいだで民主党支持のリベラルが圧倒的なのは常識だ。

リベラルな地域にニューリッチが集まるのは、知能の高いひとが「経験に対して開かれている」ことからも説明できる。ボヘミアンに寛容な都市は、音楽やアートなどさまざまな刺激的な体験を提供してくれる。知識社会においてもっとも大きな富を生むのはイノベーションだが、新奇なもの（見たこともないもの）に強い好奇心をもたなければ、イノベイティブなアイデアなど生まれるはずはない（スティーブ・ジョブズを想起されたい）。

農耕というのは循環であり、近代以前の定常型社会では新しいことはあまり起こらないのだから、ネオフィリア（新奇好み）だからといって有利なことはあまりなかっただろう。だが近代になると、とりわけ産業革命以降は、蒸気機関や照明（電気）など新しいものを発明したり、その発明をいち早く利用して市場を独占することが大きな富をもたらすことになった。資本主義というのはネオフィリアに有利なシステムなのだ。

さらに資本主義がグローバル化し、テクノロジーの進歩によって知識社会化が進むと、世界じゅうから人材を集め、国境を越えてビジネスを行なうネオフィリアの優位性はさらに高まった。その一方で、これまでの常識にとらわれ、旧態依然とした生き方を変えられないネオフォビア（新奇嫌い）はゆたかさから脱落していく。

アメリカにおいては、シリコンバレーが典型的なネオフィリアの世界だ。そこでは国籍、人種、性別、宗教、性的指向のちがいを問わず、世界じゅうから知能の高い若者たちが集まってイノベーションを競っている。それに対してラストベルト（錆びた地帯）と呼ばれるかつての製造業地帯では、中国やインドなど新興国との競争に負けた工場がつぎつぎと閉鎖され、生活の糧を失ったひとたちが吹き溜まっていく。

トランプ支持者の多くが低学歴（高卒・高校中退）であることは、さまざまな調査で明らかだ。知能の高い子どもがリベラルになり、そうでない子どもが保守的になるのなら、トランプを支持するのがなぜホワイト・ワーキングクラスなのかも説明できる。彼らは論理・数学的能力と言語運用・文章読解能力が劣ることで世界を「不安」なものと感じ、それと同時に知識社会では成功から見放されている。日本以上の学歴主義（能力主義）社会であるアメリカでは、高校中退ではもはやアメリカン・ドリームをつかむことはできない。

トランプは（たぶん）きわめて賢い人物なのだろうが、そのTweetや暴言をみればわかるように言語運用能力は高くない。そして明らかに支配的な性格で、誠実さや協調性はなく、神経症気味で、信仰心が強いとも思えない。その代わり、人生の目的は競争に勝ってヒエラルキーの頂点に立つことだと考えている。これほどわかりやすいＳＤＯ（支配的性向）タイプはめったにいない。

知識社会から脱落しつつあるＲＷＡ（右派の権威主義者）は社会的・経済的なちからをもっていないので、自分たちのリーダーを選ぶときは「リベラル」か「ＳＤＯ（支配的性向）」かの選択肢しかない。

リベラルは、論理・数学的能力と言語運用能力の両方をもっている。それに対してSDOは、論理・数学的能力には優れていても言語運用能力が欠けている。どちらももっていないRWA（保守派）はこの共通項によって、「リベラル」よりも「支配的人格」に強い親近感を抱くのだろう。

右派の権威主義者は保守的であると同時に男性中心主義でもある。そんな彼らが、「リベラル」で「知能」が高く「裕福」な「女性」である（すなわちなにひとつ共通するもののない）ヒラリー・クリントンをこころの底から憎んだのは当然なのだ。

雑食動物のジレンマ

ここで、なぜ人間社会にネオフィリア（新奇好み）とネオフォビア（新奇嫌い）がいるのか、疑問に思うひとがいるかもしれない。

知識社会がネオフィリアに有利なら、なぜすべてのひとがそうならないのか。それは産業革命から200年、高度知識社会が到来してからまだ数十年しかたっておらず、遺伝子が環境の変化に適応するにはまったく時間が足りないからだ。

ここまではすぐわかるとして、ではなぜ知識社会以前にもネオフィリアの遺伝子は生き延びてきたのか。それがたいして役に立たないなら、自然淘汰によってネオフォビアの遺伝子だけが残ってもおかしくないだろう。

現代の進化論は、これを「雑食動物のジレンマ」で説明する。

肉食動物や草食動物は食べられるものが決まっているから、食料の選択について悩む必要がない。彼らにとって問題なのは、つねに食料の枯渇だ。

それに対してヒトのような雑食動物は、肉や魚、果物や野菜などをカテゴリーを越えて食べることができるが、だからといってなんでも食べられるわけではない。こうして、食料の枯渇と同時に選択が大きな問題になる。

旧石器時代人の前にシイタケとドクツルタケが生えていて、どちらもこれまで食べたことがないとしよう。ドクツルタケは日本においてもっとも毒性が強いキノコで、6～24時間で腹痛、嘔吐、下痢が発症し、約1日で治まるものの、その約1週間後に肝・腎臓機能障害の症状（黄疸、下血など）が現われ、早期に胃洗浄など適切な対応がないと確実に死に至る。

飢餓に襲われた旧石器時代人が見知らぬキノコを食べてみる覚悟を決めたとして、それがシイタケなら生き延びることができるが、ドクツルタケなら死んでしまう。一方、知らないものは食べないことにしたとすると、ドクツルタケに当たって死ぬことはないが、もしそれがシイタケなら生き延びる機会を失ってしまう。これが雑食動物のジレンマで、最適な戦略はひとつに決まらない。

ヒトの集団がすべてネオフィリア（新奇好み）なら、食べられそうなものを片っ端から口に入れて、いずれは毒にあたって全滅してしまうだろう。それとは逆にすべてネオフォビア（新奇嫌い）でも、食料を選り好みすることで飢餓の冬を超えることができず、やはり全滅してしまうはずだ。

ゲーム理論によれば、このようなとき、集団のなかで2つの異なる戦略が混合する。ひとつは新しいものをとりあえず試してみる冒険的な戦略で、もうひとつは、新しいものはとりあえず避ける保守的な戦略だ。こうすればどちらに転んでも「種」を保存することができる。――ただしこれは、進化が種の保存のための仕組みだということではない。個体がかんぜんに利己的でも（すなわち「利己的な遺伝子」でも）、それぞれがすこしでも優位に立とうと試行錯誤するうちに集団のなかでこうした戦略の混合が生じることがわかっている。

これが進化のプログラムだとすると、どのような時代（社会）でも一定の割合でネオフィリア的なひとと、ネオフォビア的なひとがいたはずだ。

古来、集団から離れて放浪する者が嫌われたのは病気などを理由に放逐された可能性が高いからで、ネオフォビアは効果的に感染症を避けることができた。しかしその放浪者は、自分たちの知らない有用な知識や技術を携えていたり、新たな交易の機会をもたらしてくれるかもしれない。そのチャンスを真っ先に手に入れたのはネオフィリアたちだったはずだ。

その後、知識社会が到来し大きく環境が変わるなかで、食べ物だけでなく、人間関係や音楽、ものの見方など新しいことにはなんでも興味をもつ（経験に対して開かれている）ネオフィリア的なひとが社会・経済的に成功し、「リベラル」な政治思想をもつようになった。その一方で、確実にわかっていることにこだわる傾向があり、境界（なわばり）や伝統の遵守に大きな関心をもつネオフォビア的なひとは「保守」の政治思想をもつようになった。

ただしこれは、ひとの性格や気質がネオフィリアとネオフォビアできれいに二分できるということではない。ネオフォビアのなかにも特定の分野では新しいものに夢中になるひとはいるだろうし、ネオフィリアにも神経質で不衛生なものを毛嫌いするひとはたくさんいそうだ。しかしそれでも、両者のあいだにははっきりとわかる傾向のちがいがある。その傾向（匂い）を私たちは、「保守的」とか「リベラルっぽい」と形容しているのだ。

3歳児の「リベラル」と「保守」

リベラルと保守の政治的態度が子どもの頃の知能や性格によって予測できるとしたら、それは何歳から分かれるのだろうか。カリフォルニア大学バークレー校の2人の発達心理学者は、1969年から1971年にかけてカリフォルニア州バークレーとオークランドにある幼稚園で3歳児と4歳児を対象に行なわれた「性格・認知・社会性調査」の記録と、それから20年後の23歳時点の記録とを比較することでその疑問にこたえようとした。*49

その知見をまとめると以下のようになる。

① 23歳のときにリベラルな男性は、幼稚園で先生たちから「機転が利く」「指導力があ

---

*49 Jack Block, Jeanne H. Block (2006) "Nursery school personality and political orientation two decades later." *Journal of Research in Personality*

る」「自主的」「自らの成果を自慢する」「自信がある」「自分について語りたがる」などと評価されていた。

②23歳のときに保守派の男性は、幼稚園で「変わり者」「自己評価が低く罪の意識を感じやすい」「攻撃的になりやすい」「不確実な状況では不安をあらわにする」「疑い深い」「気にしやすい」「ストレス下では頑固になる」などと評価されていた。

③23歳のときにリベラルな女性は、幼稚園で「自己主張が強い」「おしゃべり」「好奇心が強い」「否定的な感情やいじめに対して抵抗力が強い」「賢い」「競争が好き」「高い道徳的基準をもつ」などと評価されていた。

④23歳のときに保守派の女性は、幼稚園で「優柔不断」「自分を犠牲者だと思いやすい」「抑制的」「こわがり」「自分の気持ちを打ち明けない」「大人を追いかける」「恥ずかしがり」「きちんとしている」「文句をいう」「あいまいなことを不安に思う」などと評価されていた。

これらに加えて、発達心理学における「アンダー・コントロール（自我の抑制）」と「エゴ・レジリエンシー（自我弾力性）」が20年後のリベラルな政治的立場と相関があることが示された。状況に応じて自己表現を器用に使い分けたり、怒られたり嫌なことがあってもあまり気にしない子どもが「リベラル」になっていくというのだ。

次に研究者は、23歳時点の「リベラル」と「保守」の性格を男女別で調べた。

① リベラルな男性は「内省的」「夢想癖がある」「審美的」「賢い」「単純なことを難しく考える」「いろんなことに興味がある」「やや協調性がない」とされた。

② 保守派の男性は「不確実な状況で落ち着きがない」「自分の行動についても、社会に対する見方でも、伝統や性役割分業を重んじる」「道徳を重視する」「求められない(おせっかいな)アドバイスをしたがる」とされた。

③ リベラルな女性は「活動的」「やる気がある」「知覚が鋭い」「口が達者」「賢い」「審美的なさまざまな興味をもつ」「やや協調性がない」とされた。

④ 保守派の女性は「不確実な状況で落ち着きがない」「伝統を重んじる」「性役割分業を受け入れる」「温和」「落ち着いて見える」「率直(歯に衣着せぬ)だがやや道徳的」とされた。

研究者によれば、23歳時点で保守派の男性と女性は性格的にきわめてよく似ているものの、男性は「男らしさ（マッチョ）」を重視し、競争に勝つことを熱望し、道徳的な判断を下しがちで、おせっかいなアドバイスをする。それに対して保守派の女性は、自分の行動を社会的な規範（礼儀）に合わせようとする。リベラルな男性と女性も同じくよく似ているが、男性が知性を内面に向けるのに対し、女性は社会的な活動に向けている。

また4歳時点の知能検査では23歳時点の「リベラル」「保守」を予測することはできなかったが、11歳および18歳時点の知能指数は男子・女子ともにリベラル度と相関があった（知能が高いとリベラルになりやすい）。

興味深いのは、男女ともに3歳時点の母親の社会経済的背景（SES）では将来の「リベラル」「保守」を予想できなかったことだ。ゆたかで高い教育を受けた母親が子どもをリベラルに育て、貧しく教育程度の低い母親に育てられた子どもが保守的になるというステレオタイプは支持されなかった。

だがその一方で、父親のSESは子どもの政治的態度に相関があった。この調査が行なわれたのが1970年前後であることを考えれば、母親が子育てに専念し父親はほとんどかかわらなかっただろう。だが高い教育を受けた父親をもつゆたかな家の子どもは、父親の関与がなくてもリベラルになったのだ。

これらの研究が示す「不都合な真実」は、生まれながらにして「リベラルになりやすい子ども」と「保守派になりやすい子ども」がいるらしいということだ。そして、テクノロジーの発達によって急速にビジネス環境が変わっていく現代の知識社会では、新奇な経験を好み、活動的でコミュニケーション能力に秀でる賢い子どもが圧倒的に有利だ。彼らが社会的・経済的に成功していくのに対して、自分をうまく説明できない（言語運用能力の低い）子どもは世界を常に脅威と感じるようになり、よそ者を排除することを求め、生活の安定と治安をなによりも重視する保守派になっていくのだろう。

「リベラル」と「保守」の遺伝子を探す

賢い子どもはリベラルになり、言語運用能力の低い（口ベタな）子どもは保守的になる（論理・数学的能力は高いが言語運用能力の低い子どもは支配的な性格になる）という研究は遺伝に言及していないが、行動遺伝学によって知能の遺伝率がきわめて高いことが知られている。ここから、「遺伝的に知能の高い子どもがリベラルになり、知能の低い子どもが保守派になる」というさらに不穏な仮説が生まれる。これはどの程度確かなのだろうか。

シドニー大学のピーター・ハテミらは、リベラルと保守の遺伝子を探すという無謀とも思える試みに挑んだ。*50

研究者たちは27774家族、1万3201人の遺伝情報をサンプルにして、ゲノムワイド関連解析の手法で政治的態度に関与する遺伝子を探った。これは遺伝子型判定（全ゲノム配列決定）のコストが劇的に下がったことで可能になった研究方法で、従来のようにマウスを使って候補遺伝子を探すのではなく、ゲノム全体にわたる何十万という対立遺伝子を手当たり次第に計測し、データから候補遺伝子を浮かび上がらせる手法だ。

その結果、第4染色体、第9染色体、第2染色体、および第6染色体に政治的態度と有意な相関をうかがわせる遺伝子が見つかった（この実験の詳細を説明することは私の手にあまるので、専門知識のある方は原論文を参照されたい）。

研究者自身も繰り返し強調しているように、遺伝の仕組みはきわめて複雑で、特定の「リベラル遺伝子」や「保守遺伝子」があるわけではなく、この研究は遺伝と政治的態度の関係を探る第一歩にすぎない。そのことを前提としたうえで結論部分を紹介しよう。

① もっとも疑わしい第4染色体にはNMDAという脳の受容体の遺伝子がある。NMD

Aは情報処理や抽象的思考などの認知能力に関係する。

② 同様に第4染色体にはNARGI受容体の遺伝子がある。NARGIは恐怖や不安に関係する。

③ 次に疑わしい第9染色体にはDBH受容体の遺伝子がある。これはNMDA（認知能力に関する受容体）を活性化させるドーパミンの放出と関係している。

④ 第9染色体には嗅覚の受容体に関する遺伝子が集まっている。

先に紹介した研究では、「リベラル」か「保守」かは12歳時点の知能できわめてよく予測でき、言語運用能力の低い子どもは世界を「危険な場所」と感じていることが示唆された。政治的態度の遺伝子を探すハテミらの研究は、この知見ときわめて整合性が高い。NMDAは認知能力に、NARGIは恐怖や不安に関係し、DBHは認知能力を活性化するドーパミンを放出するからだ。

---

*50 Peter K. Hatemi, etc. (2011) "A Genome-Wide Analysis of Liberal and Conservative Political Attitudes." *The Journal of Politics*

ＮＭＤＡやＤＢＨは認知能力を高め、こうした遺伝子をもつ子どもは知的好奇心が高く、新しい経験に開かれていて、政治的にはリベラルになる。その一方で、認知能力が低く、恐怖や不安に敏感なＮＡＲＧＩをもつ子どもは、世界を敵対的なものと見なし、新奇なものを嫌悪し、政治的には保守派になる。

しかしより興味深いのは、「リベラル」と「保守」が嗅覚と関係している可能性だ。研究者たちはこれが弱い仮説であると認めたうえで、次の2点に言及している。

第一は、ヒトや哺乳類において、匂いが性選択に関係している多くの証拠があること。

第二は、嗅覚と嫌悪感が強く結びついていること。

病原菌から身体を守るため、ヒト（というより味覚や嗅覚のあるすべての生き物）は嫌な味や臭いを避ける強力なセンサーを備えている。そしてこのセンサーは政治的態度によって異なり、保守的であるほど嫌悪感に敏感だとされる。そうなると、保守派はリベラルを匂いによって判別し、嫌悪している可能性がある。保守派はしばしばリベラルを「うさん臭い」と批判するが、彼らはほんとうに臭いと感じているかもしれないのだ。

「そんなバカな！」と思うだろうが、一見〝トンデモ〟とも思えるこの仮説を検証した実験がある。

イデオロギーは匂うか？

ヒトは高度な免疫システムを備え、病気を引き起こす細菌やウィルスを3つの防御壁で防いでいる。第一の防御壁は皮膚や粘膜による「物理的な防御」、第二の防御壁は白血球（貪食細胞や補体）による「自然免疫（非特異的免疫）」、第三の防御壁は免疫グロブリン（抗体）やT細胞による「獲得免疫（特異的免疫）」だ。しかし近年の進化医学は、この「生理的免疫システム」の手前に重要な防御壁があると考えるようになった。それが「行動免疫」だ。

生理的免疫システムに限界があることは、腐ったものを食べつづければすぐに病気になって死んでしまうことからわかる。健康でいるためには、まずは腐ったものや汚いもの、すなわち病原菌で汚染されたものを避けなければならない。もっとも危険なのは糞尿で、だからこそイヌは外で排泄するし、ネコは排泄場所を厳密に決めて不要なときは近づかない。清潔を好み汚染を嫌悪するのは明らかに進化の過程でプログラムされたもので、高温多湿で人口稠密なインドでは排泄物に触れる職業が忌避され、不可触民（アウトカースト）としてきびしい差別の対象となった。

行動免疫システムは「嫌悪」という強い感情によって駆動する。私たちが汚いものに近づかないのは、それが気持ち悪いからだ。この感情はすべてのヒトが共有しており、そのうえきわめて強力だ。行動免疫システムをもたない個体は病原菌に冒されて死んでしまった（子孫を残せなかった）のだから、これは当たり前の話でもある。

人種差別や外国人差別など、大半の差別は外見が異なることが理由となる。だがこれは現代社会が過度に視覚に依存しているからで、人類がその大半を過ごした狩猟採集社会では視覚と同じくらい嗅覚が重要だったはずだ。腐った肉とまだ食べられる肉を正確に判別することは生き延びるのに必須だが、その微妙な差はいくら見比べてもわからない。もっとも確実なのは、腐ったものの〝嫌な臭い〟をかぎ分けることだ。

匂いが私たちの（無意識の）判断に大きな影響を与えているとすれば、それは恋人（配偶者）選びにもかかわっているのではないか。このことは1980年代から研究者が提唱し、さまざまな実験で検証されてきた。男性は女性がもっとも妊娠しやすい排卵日の匂いに魅かれ、排卵日の女性は男性の汗の匂いを好ましいと感じる。女性は自分と異なる免疫システムをもつ男性の匂いに性的魅力を感じるとの研究もある。子どもが複数の免疫システムをもつようになれば、ひとつの免疫システムより病気に対する耐性が強くなるからだ。

リベラルと保守の対立が明確なアメリカでは（オーストラリアでも）、恋人選びのもっとも重要な因子のひとつが政治的態度であることが知られている。民主党支持の男性はリベラルな女性とデートし、保守的な女性は共和党支持の男性と家庭をつくりたいと思う。

だとすれば、ここでも〝匂い〟が重要な要素になっているのではないか。

ブラウン大学のローズ・マクダーモットらは、匂いと政治イデオロギーの関係を調べるために、アメリカ北西部から146人の参加者（半数は主要大学の学生、残りの半数は広告などを見た一般人）を集めた。それとは別に、政治的態度の基準で「極端にリベラル（10人）」「極端に保守（11人）」と判定された21人を「ターゲット」とした（このうち11人が女性、10人が男性[*51]）。

ターゲットは匂いのないシャンプーと石鹸を渡され、24時間わきの下にパッドをあてるよう指示された。さらに、喫煙、飲酒、消臭剤や香水・アロマの使用、ペットと触れ合うこと、匂いの強い食べ物、セックス、他人と眠ることを禁じられた。

＊51　Rose McDermott, Dustin Tingley, Peter K. Hatemi（2014）“Assortative Mating on Ideology Could Operate Through Olfactory Cues.” *American Journal of Political Science*

こうして採取されたわきの下の汗が染み込んだパッドは、ランダムにガラス瓶に入れられた。被験者はその匂いを嗅いで好き嫌いの感想を述べるのだが、その間にペパーミント・エッセンシャルオイルを嗅がせて鼻孔をリフレッシュさせる配慮もした。

146人の被験者は「リベラルの匂い」と「保守派の匂い」にどのように反応しただろうか。

重要な知見のひとつは、性別を調整してもなお（被験者は異なる性別の匂いを好んだ）、同じイデオロギーの持ち主が、異なるイデオロギーの持ち主よりも統計的に有意に好まれたことだ。その影響は大きくはないとしても、被験者が会ったこともない相手の「イデオロギーの匂い」を嗅ぎ分けただけでも驚くべきことだと研究者はいう。

興味深いのは、被験者のなかにきわめて強い反応を示す者がいたことだ。ある女性被験者は、ひとつのガラス瓶を持ち帰ることはできないかと実験者に訊ねた。それは彼女がこれまで嗅いだなかで「もっとも素敵な匂い」だからだという。そこに入っていたのは、彼女と同じ政治的立場の男性のわきの下の汗が染み込んだパッドだった。

だが同じガラス瓶を渡された他の参加者は、それを「むかつく臭い」だといって交換を要求した。その参加者は、異なるイデオロギーの持ち主だった。同じ匂いに対して、保守派かリベラルかで被験者は正反対の反応を示したのだ。

「リベラル」が嫌われるほんとうの理由

リベラルの典型的なイメージは「学歴が高く洗練された（社会的・経済的）成功者」というものだろうが、その一方で「きれいごとをいう偽善者」だとも思われている。だがこれは、リベラルの二面性や矛盾ではない。彼らは知能が高いからこそうさん臭いのかもしれない。

利己的な個人が濃密な共同体のなかで生きていくためには「道徳」が必要で、そのためには社会（他者）からの圧力よりも、共同体のメンバー自身が自己統制する方が効率がいい。このようにしてすべてのヒトに「良心」が埋め込まれたというのが進化倫理学の標準的な説明だが、これが正しいとすれば、「道徳」や「正義」は無条件によいものではなく、進化の過程でつくられた社会的機能のひとつにすぎない。

人類学者のクリストファー・ボームは、伝統的社会を例に挙げて道徳の機能を次のように説明する。*52

ザイール（現コンゴ民主共和国）の密林に住むムブーティ・ピグミー（アフリカの狩猟採

集民ピグミーのムブーティ族）にとって、最高のごちそうは捕獲した野生動物の肉だ。

ムブーティ族は大型獣を弓や槍で狩るだけでなく、時として集団で協力して網を使う。男たちがそれぞれ自分の網をもち、おそろしく長い半円形の罠ができると、すこし離れた場所から女と子どもたちが茂みを叩いて網に近づき、怯えたレイヨウなどを追い込んでいく。男たちはそれぞれ網にかかった獲物を槍で突き、自分たちの家族のための肉を確保する。

この網狩では、中型から小型まで誰もが同じくらいの量の肉を入手できるはずなので、分配のルールはとくに決められていない。だがあるとき、人類学者のフィールドワーク中にトラブルが起きた。セフーという利己的な男が、密林のなかでこっそり自分の網をほかの誰よりも前に置きなおし、追い立てられた動物がまっさきに自分の網に飛び込むようにしたのだ。

だがあいにく、この抜け駆けは他のメンバーによって見つかり、狩のあとの集会でセフーはつるし上げにあう。グループの輪に入ろうとしてセフーは全員から無視され、座る場所を与えられず（「獣は地べたに寝ろ」といわれた）、ついには一人の男が立ち上がり「獣でなければ人から肉を盗むはずがない」と非難した。それをきっかけに一同から怒りの声があがり、セフーはわっと泣き出した。

この騒動はけっきょく、セフーが罪を認めて謝罪し、自分の家にある肉をすべて差し出すことで解決した。和解の数時間後には、セフーとその家族は夜の歌の集いに加わり、ふたたびグループのメンバーとして受け入れられた――。

これは、平等主義的な伝統的社会でどのように道徳が機能しているかを示すよい例だ。しかしなぜ、セフーは失敗したのだろうか。もちろん不道徳な行為をしたからだが、とはいえこれは、どんなときも仲間と同じことをしていればいいということではない。

ムブーティ族の網狩では、罠を仕掛ける位置に厳密な決まりがあるわけではないから、仲間よりすこしでも前に網を設置すればそれだけ多くの肉を手に入れることができる。だがそれがあまりにあからさまだと、道徳的な非難の対象となり、集団でつるし上げられてすべての肉を失ってしまう。

だとすればもっとも理にかなっているのは、他の男たちと同じ位置に網を張ることではなく、道徳的な許容範囲の限界まで前に出ることだ。それに加えて、網にかかった動物を

＊52　クリストファー・ボーム『モラルの起源―道徳、良心、利他行動はどのように進化したのか』白揚社

左右の男たちに分け与えれば、抜け駆けが発覚するリスクはより抑えられるだろう。
このような高度な戦略を使うには、たんに頭がよいだけでは十分ではない。道徳の閾値《いきち》（許容範囲）を正確に把握していなければ、いずれはセフーのように勇み足をしてヒドい目にあうことになる。

仲間たちがどこまでなら許し、どこからを許さないかを正確に知るには、高度な「道徳センサー」をもっていなければならない。これは一般に「良心」といわれる。

すなわち道徳的社会では、繊細な良心（高機能の道徳センサー）と高い知能をもつ者が、もっとも効果的に抜け駆けできる。良心はひとびとを社会のルールに従わせるために内面化されたが、それを仲間を出し抜くために使うこともできるのだ。

そう考えれば、リベラルが〝知的〟で〝良心的〟な理由がわかるだろう。彼らは高い知能によって「良心」を利己的に使う方法を知っているからこそ社会的・経済的に成功し、だからこそ嫌われるのだ。

エピローグ　サイバー空間のイデオロギー戦争

本書の目的は「朝日ぎらい」という現象を原理的に説明することだが、「だったらお前はどんな社会を望んでいるのか」との質問は当然あるだろう。そこで最後に、それについてかんたんに述べておきたい（詳しいことはそのうち別の本に書くかもしれない）。

現代のリベラリズムは、ひとは誰でも生まれながらにしてそれぞれの「潜在能力（ケイパビリティ）」をもっていると考える。人種、国籍、宗教、性別、性的指向、障がいの有無にかかわらず、すべてのひとが自分の可能性を最大化できる社会が、グローバルスタンダードのリベラルが理想とするものだ。

日本ではこのところずっと、「格差」と「自己責任」が議論になっている。

SSM（社会階層と社会移動全国）調査は1955年以来、10年に一度、無作為抽出によって実施されている社会学者による日本最大規模の全国調査だが、2015年では「チャンスが平等に与えられているなら、競争で貧富の差がついてもしかたがない」との設問に対し、全体の52・9％が肯定的で、とくに男性では60・8％に達した。自己責任論に否定的なのは全体で17・2％、男性では15・6％にすぎず、女性でも18・6％しかいない。

特徴的なのは「格差社会の被害者」であるはずの貧困層でも44・1％が自己責任論に肯定的で、否定的なのは21・6％にとどまることだ。貧困層の半分ちかくは、貧困状態を自分の責任だと考えている。

同じＳＳＭ調査から、２００５年と２０１５年で格差拡大を肯定・容認する比率を見ると、富裕層では高く（２０１５年では37・0％）貧困層では低い（同23・7％）のだが、この10年間で富裕層では１・２ポイント上昇したにすぎないが貧困層では６・３ポイントも上昇している。日本では、貧しいひとほど格差拡大を容認するようになったのだ。[*53]

自己責任が「自由の原理」であることはいうまでもない。自分の言動に責任をとれない人間が権利だけを主張できないのは当然のことだ。しかしその一方で、すべてを「自己責任」で片づけることもできない。

奴隷制社会において、奴隷が幸福になれないことを「自己責任だ」というひとはいないだろう。自分の人生を自由に選択できないのであれば、その結果を本人の責任に帰すことはできない。――これもすべてのひとが同意するだろう。

本文でも触れたが、私はこの10年あまり「日本は先進国の皮をかぶった前近代的身分制社会」だと述べてきた。日本の社会では「正規／非正規」「親会社／子会社」「本社採用／現地採用」などあらゆるところで「身分」が顔を出す。日本ではずっと、男は会社という「イエ」に滅私奉公し、女は家庭という「イエ」で子育てを「専業」にする生き方が正しいとされてきた。

「新卒一括採用」は世界では日本でしか行なわれていない〝年齢差別〟で、そこで失敗すると「非正規」という下層身分に落ちて這い上がることは難しい。「(子どものいる) 女性」や「外国人」も同様で、会社に滅私奉公する (男性) 正社員とは異なる身分として扱われる。

このような差別的慣行を容認しておきながら「自己責任」を主張することは、「日本人・男性・中高年・正社員」という属性をもつ日本社会の主流派の既得権を守ることにしかならない。自己責任を問うならば、その前に日本社会に厳然として残る差別をなくすべ

＊53　橋本健二『新・日本の階級社会』講談社現代新書

きだ。

そう考えればいま必要なのは、すべての労働者が身分や性別、国籍に関係なく「個人」として平等に扱われるグローバルスタンダードのリベラルな労働制度に変えていくことだ。だが奇妙なことに「リベラル」を自称するひとたちは、自己責任論を批判しながらも「日本的雇用を守れ」と主張することで、結果として「差別」に加担している。

すべての国民が「潜在能力」を最大化する生き方を実現するには、前近代的な身分制から決別しなければならない。リベラルであればこそ、差別の温床となっている日本的雇用を「破壊」しなければならないのだ。


「リバタニア」の基本原理が「生の自己決定権」である以上、生まれてくることは選べなくても、ものごころついてからの人生は「自由と自己責任」によって自ら選択できるようにすべきだ。こうして「死の自己決定権」が広く認められるようになってきた。

オランダ・ユトレヒトで数学教師をしていたウィルは、65歳のときに左顎骨周辺の扁平《へんぺい》上皮がんと診断された。病気の進行は早く、がんが咽喉部分まで広がり激痛とともに呼吸困難な状態に陥ったとき、彼は「僕が死ぬ日にパーティをしよう！」と宣言した。

パーティには身内14人と友だち12人が集まり、誕生会のような和気あいあいとした雰囲気で、全員がシャンパンを持ちウィルが乾杯の音頭をとった。その後、病気になってからやめていた大好物の葉巻を1本巻き、火をつけて煙をそっと肺のなかに吸い込むと、「じゃあみんな、僕はこれからベッドに行って死ぬ。最後までパーティを楽しんでくれ。ありがとう」と別れの挨拶を告げた。*54

オランダでは、これはもはや珍しい光景ではない。

安楽死についての議論がオランダで始まったのは1970年代で、2001年4月には「要請に基づく生命の終焉ならびに自殺幇助《ほうじょ》法（安楽死法）」が成立、「患者の安楽死要請は自発的」「医師と患者が共にほかの解決策がないという結論に至った」など6つの要件を満たせば、自殺を幇助した医師は送検されないことになった（それ以前は、いったん送検されたあと、要件を満たせば不起訴とされた）。

その後、安楽死の概念は大幅に拡張され、「死が避けられず、死期が迫っている」状況でなくても、「自殺願望を消す方法はなく、このままではより悲劇的な自殺をするだろ

*54 宮下洋一『安楽死を遂げるまで』小学館

う」と複数の専門家（医師・心理学者）が判断した場合は「平穏に自殺する権利」が認められている。その結果、いまではオランダの全死因の3～4％が安楽死になっている。

ひるがえって日本はどうだろう。

じつは日本でも1976年に日本安楽死協会が設立され、積極的安楽死の法制化を目指したが、高名な作家などが「安楽死法制化を阻止する会」を結成し、「ナチスの優生思想と同じ」と猛烈に批判したため頓挫し、無用な延命治療を中止するリビング・ウィルの普及に趣旨が変わった。*55

こうして、日本で積極的安楽死を望むひとたちは縊死《いし》、墜落死、溺死、轢死《れきし》などを選択するほかなくなった。そのなかでも広く行なわれているのが「絶食死」で、日本緩和医療学会の専門家グループによる実態調査では、終末期の患者に点滴や飲食を拒まれた体験をした医師は3割にものぼるという。

2018年1月、保守思想家の西部邁氏が78歳で自ら生命を絶った。オランダの数学教師は家族や友人に囲まれた華やかなパーティで人生を終え、日本の高名な思想家はなぜ家族にも看取られず、真冬の多摩川で「溺死」しなければならないのか。*56

私たちはそろそろ、この問題から目をそらすのをやめるべきだ。

日本ではあいかわらず「大麻は薬物依存症への入口」として厳罰に処しているが、欧米先進国にはもはや大麻を所持していただけで刑事罰を科せられる国はなく、アメリカでも2012年のコロラド州に始まって、2018年1月にはカリフォルニア州でも娯楽使用の大麻が合法化された。タバコやアルコールのような依存性の高いドラッグを合法化しておきながら、医学的にはより身体への負荷の少ない大麻を禁止する政策は合理的な説明ができなくなっている。日本がアジアで率先して大麻を解禁すれば、珍しくもないカジノよりずっと大きな観光資源になるだろう。

アメリカが主導する「麻薬戦争」に協力した中南米の国々では、マラスと呼ばれるギャング組織が跋扈するようになり、急速に治安が悪化している。犯罪に「鉄拳」で立ち向かうと公約してグアテマラ大統領になったオットー・ペレス・モリーナは、2012年にメキシコで開かれた世界経済フォーラムで聴衆に訴えた。

＊55　三井美奈『安楽死のできる国』新潮新書
＊56　その後、自殺幇助の疑いで知人2人が逮捕された。

「20年前、私はグアテマラの軍事情報部長だった。われわれは大きな成果を上げた。大量のコカインを押収し、大麻畑を破壊した。そして多くの麻薬密売組織のボスをつかまえた。それから20年後、私は大統領に就任し、麻薬密売組織がずっと巨大化していることに気づいた」

麻薬犯罪とたたかいつづけたこのグアテマラ大統領は、「今日の中米では、アメリカの麻薬摂取による死亡者よりもずっと多くの人々が、麻薬の密売やそれにともなう暴力で死んでいっている」として、ヘロインやコカインなどハードドラッグを含むすべての麻薬の合法化を求めたのだ。[*57]

コロンビア大学教授で（本人も認めるように）アメリカの黒人ではきわめて数少ない心理学教授でもあるカール・ハートによれば、「薬物依存は犯罪を増やす」との定説は疑わしい。

アメリカ司法省司法統計局が受刑者における薬物と犯罪のつながりを1997年から2004年までのデータで分析したところ、薬物の影響下で罪を犯した者は3分の1にすぎず、薬物依存者もやはり3分の1程度だった（大半の受刑者は、罪を犯したときは素面だった）。薬物を買う金ほしさに犯行に及んだ者は受刑者のうち17%で、暴力的な犯罪者の方がそれ以外の者よりも、投獄される前の1カ月間に薬物を使った者が少なかった。

またニューヨーク市で1988年に起きた2000件ちかいすべての殺人事件を調査したところ、逮捕者の76%でコカインの陽性反応が出たものの、殺人事件の約半数は薬物とまったく関連がないことが判明した。依存者がドラッグを買おうとして殺人を犯したのはわずか2%で、犯行前に薬物を使った者が殺人を犯したのは1%にすぎなかった。

薬物と暴力犯罪のほんとうのつながりは薬物取引で生み出される利益にある。1988年にニューヨーク市で起きた殺人の39%はたしかに薬物取引と関連があったが、ほとんどは薬物販売の縄張り争いや売人間の強盗によるものだった。

ここからハートは、さらに過激な方向へと議論を進める。「多くのひとは、コカインなどのハードドラッグを使用しても依存症になることはない」というのだ。

それを証明するためにハートは、ニューヨークの情報週刊紙『ヴィレッジ・ヴォイス』に広告を出してコカイン常習者を募集し、彼らがコカインと他の報酬（5ドルの現金引換券か商品引換券）を比較して、どのような条件でコカインを選択するかを調べた。

その結果、薬物常習者は報酬としてのコカインの量が多いときは、ほとんどの場合、引

＊57 トム・ウェインライト『ハッパノミクス―麻薬カルテルの経済学』みすず書房

換券よりもコカインを選択したものの、報酬のコカインの量が少ないときはしばしば引換券を選択することがわかった。薬物常用者も一般人と同様に、ごくふつうの生活環境ではドラッグとそれ以外のインセンティブを比較し合理的に選択していたのだ。

薬物依存のリスクがもっとも高い集団であるティーンエイジャーでも、コカインの使用者はこれまで5％以下にとどまっている（薬物を入手できる環境でも95％の若者は手を出さない）。依存症になるリスクは、大人になってから薬物を使い出した場合よりも、青年期初期に使い出した場合の方がはるかに高いが、高校最上級生でもコカインを日常的に使う割合が0・2％を超えたことはない（ドラッグを経験した若者のうち、常用者になるのはわずかしかいない）。ドラッグの害は一般に思われているよりも軽微で、多くのひと（約8割）はドラッグを使っても依存症にならず、依存症になったとしても心理療法によって治療可能なのだ（実験では適切な介入を受けた被験者の68％が8週間にわたって薬物に手を出さなかった）。

それにもかかわらず、「科学的には間違った前提にもとづいて」ドラッグに過剰な刑罰を科したために、麻薬密売を手がける黒人の若者が壊滅的な被害を被っている。アメリカのある大規模な研究では、1990年から2005年までにはじめて少年司法制度にかかわった10万人ちかいティーンエイジャーのうち、57％が黒人だった。男性が圧倒的に多く、平均年齢は15歳で、ほとんどは薬物がらみの犯罪か暴行の容疑で逮捕されていた。

こうしてハートは、「問題を抱えたティーンエイジャーたちをまとめて、両親もそばにおらず、スポーツ界や学術界で成功することをめざす同世代の仲間もほとんどいない環境に隔離することは、彼らをさらに悪い犯罪行為に走らせる傾向がある」との結論に達した。「不良」の烙印を押されたうえ、犯罪行為にかかわることでしか男らしさやアイデンティティを確認できないと感じる仲間とつき合うことで、将来に犯罪を引き起こす危険性は大幅に増すのだ。

こうした理不尽な事態に対して、ハートは「ドラッグの非犯罪化」を提言する。ドラッグの売買を罪に問うことがなくなれば、黒人の若者の多くが収監を免れ、人生を棒にふらなくてもよくなるし、社会にとっても将来の犯罪者が大幅に減るという利益を享受できるのだ。[*58]

「リバタニア」は女性の人権を重視するが、それだからこそ売春（セックスワーク）を合

*58　カール・ハート『ドラッグと分断社会アメリカ――神経科学者が語る「依存」の構造』早川書房

法化している。アメリカの禁酒法と同じで、買売春を非合法化するから犯罪組織の資金源になり、セックスワーカーが搾取されることになる。売春はほめられた仕事ではないかもしれないが、自分の身体をどのように使うかは個人の自己決定権の範囲なのだから、その職業を選んだ女性たちを法の下に保護すべきだ。

18歳以上であれば誰とカップルになるかは個人の自由で、異性間に適用される制度から同性カップルを排除する理由はない。

憲法24条は婚姻を「両性の合意のみに基いて成立」するとしており、同性婚を認めるにはこの条項を改正しなければならないが、これだけでは日本社会の身分制は変わらない。なぜなら戸籍制度が温存されているからだ。

近代的な市民社会は自由な個人によって成り立つが、戸籍は社会を「イエ」によって管理しようとする世界でも日本にしかない奇妙な制度だ（日本統治時代の名残で韓国には戸籍制度があったが2008年に廃止された）。夫婦別姓や共同親権が認められないのは、「イエに姓はひとつ」で「子はいずれかのイエに属する」とされているからだ。

それ以上に大きな問題は、日本人を両親として日本国内で生まれたにもかかわらず、なんらかの事情で戸籍に登録されないと、日本人（日本市民）としての基本的人権をすべて奪われて「無国籍」になることだ。これではどう考えてもまともな市民社会とはいえない。[*59]
日本はいまだに、イエを単位とした前近代的社会から個人を単位とした近代的社会に移行できていない。憲法24条の「両性の合意」を「双方の合意」に改正するとともに戸籍制度を廃止し、資産や親権を共同でもてるシンプルな家族制度にするべきだ。——年金や健康保険などの社会保障もイエ単位になっているが、家族の多様化で矛盾が拡大している。北欧などと同じく、これも個人単位に変えていくべきだろう。

最後に憲法改正問題だが、リベラルであれば、自衛隊を「国軍」として憲法に明記するよう求めるのは当然だ。
近代国家は市民から〝暴力〟を剝奪し、軍や警察・司法を政府に集中させるのだから、市民が法によって国家の暴力を民主的に統制する仕組みがぜったいに必要だ。国家の最大の暴力装置である軍の役割を憲法で規定しない民主国家などあり得ない。自衛隊の目的を(国体ではなく)国土・国民を守ることと国際協力に限定したうえで、軍刑法や軍法会議な

＊59　井戸まさえ『無戸籍の日本人』集英社

どの軍司法も整備すべきだろう（軍司法のない不安定な軍隊は世界で自衛隊だけだ）[*60]。

リベラルの失敗は、「自衛隊は憲法違反だ」と叫んでいるうちに憲法改正を右翼・保守派に先取りされたことだ。その結果、北朝鮮のミサイルが上空を通過するようになって、「9条に『陸海空軍その他の戦力は、これを保持しない』とあっても個別的自衛権は自然権なので自衛隊は合憲だ（ただし集団的自衛権は認められない）」という苦しい理屈を繰り返さざるを得なくなった。しかしこれでは、「だったらなんでそう書いちゃいけないの」という子どもの疑問にこたえられないだろう。

憲法改正を拒絶するリベラルな憲法学者は、複雑怪奇な理論によって自らの主張を正当化しようとするが、これは「無知な大衆は黙って従え」というエリート主義そのものだ[*61]。憲法はすべての国民のものなのだから、アカデミズムの〝密教〟のなかに囲い込むのではなく、中学生や高校生でもわかるように書き直していくべきだ。

リベラルとは、本来は「Better World（よりよい世界）」「Better Future（よりよい未来）」を語る思想のはずだ。だがいつのまにか日本の「リベラル」は、憲法にせよ、日本的雇用にせよ（あるいは築地市場の場所まで！）現状を変えることに頑強に反対するようになった。「改革」を否定するのは保守・伝統主義であり、守旧派だろう。これは、「戦後リベラル」を担う層が高齢化して、「なにひとつ変えない」ことが彼らの利益になったということでもある。

それに対してシリコンバレーでは、「世界を変える」イノベーション競争が行なわれている。その象徴が南アフリカ出身のイーロン・マスクで、「人口爆発で人類が地球に住めなくなるなら火星に移住すればいい」と安価なロケットを開発し、「化石燃料が枯渇するなら代替エネルギーにすればいい」と電気自動車テスラを走らせ、太陽光発電の送電網を全米に張り巡らせている。子どもの頃に夢中になったSFやアニメの世界を現実にしようとする情熱はマッドサイエンティストと紙一重だが、そこから生まれるイノベーションは確実に世界を変えつつある。

本書では詳しく触れられなかったが、私は、これからの政治思想の対立はサイバー空間が舞台になると思っている。その主役は、AIなどのテクノロジーによって社会を最適設

＊60　霞信彦『軍法会議のない「軍隊」―自衛隊に軍法会議は不要か』慶應義塾大学出版会
＊61　井上達夫『リベラルのことは嫌いでも、リベラリズムは嫌いにならないでください』毎日新聞出版

計しようとする「サイバーリバタリアン」だ。

そのなかでも「自由」を尊重するサイバーリバタリアン右派は、個人に「正しい選択」を強制するのではなく、よりよい生活習慣にナッジしていく（そっと肘で押す）政策を提言する。

理論的な基礎となるのはダニエル・カーネマンとエイモス・トベルスキーが創始した行動経済学で、さまざまな心理実験によって、私たちが「合理的経済人（エコン）」ではなく不合理な選択をする「人間（ヒューマン）」であることを明らかにした。2017年にノーベル経済学賞を受賞したリチャード・セイラーは、法学者のキャス・サンスティーンとともに、このバイアスを逆に利用することで正しい選択に誘導する手法を提言している。[*62]

――「初期設定を変えるのを躊躇する」というバイアスを使った、昇給とともに積立額が自動的に増えていく企業年金などがよく知られている。

「ひとびとが無意識のうちに合理的な行動をするよう社会（環境）を設計すればいい」というサイバーリバタリアン右派のナッジは、「おせっかいな自由主義」とも呼ばれている。徴税・再分配という国家の〝暴力〟を最小限にして、個人の自由な選択（たとえ誘導されたものであっても）を尊重しているからだ。

それに対してサイバーリバタリアン左派は、すべての国民に「文化的な生活」を保障するだけの資金を給付するベーシック・インカム（BI）を主張する。そんな財源がどこにあるのかと思うだろうが、AIを搭載したロボットがあらゆる仕事を代替する近未来では、ロボットから徴収した税金を分配すればいいのだ。このような社会ではもはや働く必要すらなく、すべてのひとが「自由な人生」を謳歌するユートピアが訪れる、とされている。[*63]

BIは荒唐無稽な話だと思われてきたが、予想をはるかに超えるテクノロジーの急速な進歩によって実現可能だと考えるひとたちが現われた。ビル・ゲイツはロボット税を支持し、フェイスブック創業者のマーク・ザッカーバーグはハーバード大学の卒業式スピーチでBIに言及した。フィンランドなどではBIの導入実験が始まっている。——ただし私は、BIはユートピアではなくディストピアをもたらすだろうと思っている。

サイバーリバタリアンたちが思い描く薔薇色の未来のすべてに同意するわけではないものの、「Better World」「Better Future」をつくろうとする「リベラル」の政治思想のな

＊62　リチャード・セイラー、キャス・サンスティーン『実践 行動経済学―健康、富、幸福への聡明な選択』日経BP社
＊63　ルトガー・ブレグマン『隷属なき道―AIとの競争に勝つベーシックインカムと一日三時間労働』文藝春秋

かで、彼らだけが唯一、強い説得力をもっていることは間違いない。それはサイバーリバタリアンの背後に強大なテクノロジーがあるからで、今後、その影響はますますはっきりしてくるはずだ。[*64]

*64　落合陽一氏は『日本再興戦略』（幻冬舎）で、「（テクノロジーで）世界を変える」というサイバーリバタリアンの思想を、「日本を変える」と変奏してこの国に持ち込んだ。

あとがき

お気づきの方も多いと思うが、『朝日ぎらい』のタイトルは井上章一さんのベストセラー『京都ぎらい』から拝借した。この〝パロディ〟を快諾していただいたばかりか、大いに面白がってくださった井上さんにまずは感謝したい。

本書を最後までお読みいただいた方はおわかりだと思うが、私の政治的立場は「リベラル」だ。「普遍的人権」という近代の虚構を最大限尊重し、いわれなき差別のない自由な社会が理想だと思っている。

「リバタニア」のなかでは日本では数少ない「リバタリアン部族」に属し、日本は重層的な身分制社会だとして、その根幹にある日本的雇用を批判してきた。「差別」に反対するのはリベラルとしては当然で、奴隷制やアパルトヘイトの廃止を求めるのと同じだ。

社会政策はゲーム理論やビッグデータを駆使して「証拠に基づいて」決定し、功利主義的に社会を最適設計すればいいと考えており、シリコンバレーの「サイバーリバタリアン（右派）」に近い。「国家は国民が幸福になるための道具だ」と思っているから、右翼・保守派（ナショナリスト）とはまったく話が合わないだろう。

だがそれ以上に、日本で「リベラル」を自称するひととはそりが合わない。それは彼らの主張が間違っているからであり、そのきれいごとがうさん臭いからでもある。——少なくとも私は、自分のうさん臭さを自覚している。

安倍政権を批判するひとは「アベノミクスの失敗で格差が拡大した」というが、内閣府の国民生活に関する世論調査では「現在の生活に満足」との回答が73・9％（18～29歳は79・5％）と過去最高になった（2017年）。そのうえ完全失業率は2・5％と過去最低水準で、有効求人倍率は1・58倍と80年代のバブル最盛期を超えた（2018年2月）。さらに2018年春に卒業した大学生の就職率が過去最高の98・0％になり、大卒のほぼ全員が就職できる「全就職」時代になった。

もちろんこれには人口減にともなう人手不足などさまざまな要因があり、アベノミクスの金融緩和の成果だと一概にいうことはできないものの（これは将来の検証に任せるほかないだろう）、国民の7割以上が生活に満足している事実を無視するのは公平とはいえない。

——ただし、現在の生活に8割が満足している若者も、その半数以上(53・3%)が「今後の収入や資産の見通しについて」悩みや不安を感じている。

安倍一強の状況がつづくなか、政権批判の論理はおうおうにして「国民(有権者)はだまされている」というものになる。だまされるのはバカだからで、そのことを指摘するのは自分たちエリートの責務だ——。いうまでもなくこの度し難い傲慢さが、リベラルが嫌われる(正当な)理由になっている。


本文でも述べたが、「リベラル化」する世界では、保守派は「リベラルのくせにリベラルではない」というダブルスタンダードを攻撃するようになる。それに対抗するには、自らが徹底的にリベラルになるほかはない。

「女性が輝く社会」を目指す安倍政権は、「2020年までに指導的地位に女性が占める割合を少なくとも30%程度にする」との目標を掲げたが、リベラルな新聞社では女性差別はないのだから、役員や管理職などの男女の比率は半々になっているはずだ。だとすれば、「なぜ3割なのか。目標は5割を目指すべきだ」と社説に書けるだろう。

同じく安倍首相は、「同一労働同一賃金を実現し、非正規という言葉をこの国から一掃する」と施政方針演説で宣言したが、リベラルな新聞社には「正規／非正規」などという身分差別はなく、とうのむかしに同一労働同一賃金を実現しているはずだ。だったらなぜ、「立憲主義を踏みにじる」首相にこんな当たり前のことを先にいわれるのか。――日本で働き方改革がいっこうに進まないのは、「正社員」の既得権を守ることだけを目的としている労働組合が頑強に反対し、「差別」を容認しているからだ。

「親会社／子会社」は日本における身分の典型で、個人が平等な人権をもつ社会では、親会社からの出向というだけで、同じ仕事をしているにもかかわらず子会社のプロパー社員と待遇がちがう、などということが許されるわけがない。リベラルな新聞社はこんな悪弊とは無縁のはずだから、日本社会にはびこるこの差別を徹底的に批判すべきだ。

新卒一括採用は年齢差別そのもので、日本の法律でも違法だが厚労省が適用除外にしている。当然、リベラルな新聞社はひとを年齢で差別などしないのだから、「同期」とか「○期先輩（後輩）」などという軍隊か体育会のような言葉は死語になっているはずだ。

アメリカでは定年は年齢差別として違法で、２０１０年にイギリスがこれにつづいた。生涯現役社会に向けて、これから世界的に「定年のない働き方」が広がっていくだろう。だとすれば、リベラルな新聞社は率先して定年を廃止し、能力とやる気があれば年齢にかかわらず現役で働けるように模範を示すべきだ。もちろんこれは、「社員全員をずっと雇いつづけろ」ということではなく、能力もやる気もない社員を一定のルールのもとに解雇するのは経営の自由だ。

日本的雇用は（男性）正社員に会社に滅私奉公することを求め、妻は専業主婦として子育てに専念するのを当然としている。だがリベラルな新聞社にこんな前近代的な風習が残っているはずはないから、子どものいる男性社員は（特別な事情がある場合を除き）全員が共働きで、保育園の送り迎えも妻と分担しているはずだ。

こうした男性は最近では「イクメン」と呼ばれていて、たびたび紙面に登場するが、社内にたくさんいるのだから、わざわざ取材する必要などないはずだ。自分たちの職場のイクメンを積極的に紹介し、夫婦が家事も育児も分担するリベラルなライフスタイルを読者に伝えればいい。

政府の進める「働き方改革」を批判するリベラルなメディアは裁量労働制の拡大に反対しているが、そういう自分たちは裁量労働制で働いている。裁量労働制で残業が無制限になり過労死やうつ病が増えるというのなら、まずは自分たちの仕事を時間給に変えるべきだろう。そうでなければ、労働者が働き方を自分で管理でき、生産性も仕事の満足度も高まる理想の裁量労働制とはどのようなものかを積極的に示すべきだ。
国連の「言論と表現の自由」に関する特別報告者デイヴィッド・ケイ氏は、「日本政府がメディアに圧力をかけている」として放送法4条の撤廃に触れたことで「反日」のレッテルを貼られたが、その後の記者会見では日本の報道機関に対し、「先進国では優れた記者が所属媒体を移る、一種の流動性があるが、日本には存在しない。そのため政府からの圧力が記者にも特別な影響を与える」と述べた。[*65]
日本のマスコミの構造的な問題を指摘したこの会見を記事にしたのは朝日新聞だけで、他のメディアは無視を決め込んでいる。リベラルな報道機関とはこうあるべきとの見本だが、さらに一歩進んで、問題の所在がわかっているならそれを改革すべきだ。
欧米のジャーナリストは自分の専門分野を決め、執筆する媒体を変えながらキャリアアップしていくから、専門分野と異なる部署に社内異動するなどということはあり得ない。このような仕組みなら、そのときどきのテーマに合わせてプロのジャーナリストが外部から加わり、さらなるキャリアを求めて別のメディアに移っていく流動性のある職場環境ができるだろう――ケイ氏の暫定報告では、政府・行政との癒着の温床だとして「記者クラブ制度」の廃止も提言されている。

リベラリズムは普遍的な原理なのだから、「リベラル」を自称するのなら当然、こうした職場が実現されているはずだ。ジャーナリストを目指す若者だけでなく、百戦錬磨のプロもこんな職場で働いてみたいと思うだろうから、日本だけでなく世界じゅうから優秀な人材が集まってくる。そうなれば、旧態依然とした日本的雇用にしがみつく「保守」メディアなど競争相手にもならないだろう。

これを皮肉と受け取るかもしれないが、そうではない。「リベラル」を名乗る組織は、リベラルがどのようなものかを身をもって示す責任を負っている。多くのひとがそれを見て、「自分もあんなふうになりたい」と思うことで社会は前に進んでいくのだ。

「朝日」はかつては憧れだったが、いまでは毛嫌いされる対象になってしまった。そこに社会の「右傾化(アイデンティティ化)」という要因はあるものの、「憧れ」を失った理由はそれだけではないだろう。

重層的な差別である日本的雇用を容認しながら、口先だけで「リベラル」を唱えても、

＊65　「『日本の報道　圧力に弱い』――国連報告者が会見で指摘」朝日新聞2017年10月26日夕刊

誰も信用しなくなるのは当たり前だ。リベラリズムを蝕むのは「右（ネトウヨ）」からの攻撃ではなく、自らのダブルスタンダードだ。

日本のリベラルにいま必要なのは、保守化した「リベラル高齢者」の既得権を破壊する勇気だ。年金も健康保険も終身雇用も年功序列もなにひとつ変えないまま、若者に夢を与える未来を描くことなどできるはずはない。

だが残念なことに、「朝日的」なるものはいまや「リベラル高齢者」「シニア左翼」の牙城になりつつあるようだ。自分たちの主張が若者に届かないのは、安倍政権の「陰謀」ではない。

とはいえ私は、希望を捨てたわけではない。「日本的リベラル」を批判する本書が朝日新聞出版から出ることが、朝日新聞の勇気と良識を示したものと考えたい。

2018年5月

橘　玲

橘　玲　たちばな・あきら
作家。1959年生まれ。2002年国際金融小説『マネーロンダリング』でデビュー。2006年『永遠の旅行者』が第19回山本周五郎賞候補となる。『お金持ちになれる黄金の羽根の拾い方』（幻冬舎）が30万部を超えるベストセラー、『言ってはいけない 残酷すぎる真実』（新潮新書）が48万部を超え新書大賞2017に。他に『（日本人）』（幻冬舎）、『幸福の「資本」論』（ダイヤモンド社）、『80's』（太田出版）など著書多数。

朝日新書
671
朝日《あさひ》ぎらい
よりよい世界のためのリベラル進化論

2018年6月30日第1刷発行

著者　橘　玲

発行者　須田　剛
カバーデザイン　アンスガー・フォルマー　田嶋佳子
印刷所　凸版印刷株式会社
発行所　朝日新聞出版
〒104-8011　東京都中央区築地5-3-2
電話　03-5541-8832（編集）
03-5540-7793（販売）

Published in Japan by Asahi Shimbun Publications Inc.
ISBN 978-4-02-273092-3
定価はカバーに表示してあります。
落丁・乱丁の場合は弊社業務部(電話03-5540-7800)へご連絡ください。
送料弊社負担にてお取り替えいたします。